Siegfried Wagner

Der Bärenhäuter

In drei Akten

Siegfried Wagner

Der Bärenhäuter
In drei Akten

ISBN/EAN: 9783743696716

Hergestellt in Europa, USA, Kanada, Australien, Japan

Cover: Foto ©ninafisch / pixelio.de

Weitere Bücher finden Sie auf **www.hansebooks.com**

DER BÄRENHÄUTER

IN DREI AKTEN

VON

SIEGFRIED WAGNER.

☙

LEIPZIG

MAX BROCKHAUS.

PERSONEN.

Hans Kraft, junger Soldat.
Melchior Fröhlich, Bürgermeister.
Lene,
Gunda, } dessen Töchter.
Luise,
Pfarrer Wippenbeck.
Nikolaus Spitz, Gastwirth.
Anna, Schenkmädchen.
Oberst Muffel } von der
Kaspar Wild, Wachtmeister } Plassenburg.
Der Fremde.
Der Teufel.

Verschiedene kleinere Rollen. Bauern. Bäuerinnen.
Soldaten (die Muffelschen Compagnien). Nixen.
Eine Schar kleiner Teufel. Kinder.

..

Schauplatz: In den Bayreuther Landen.

I. Act: a. Vor einem Dorf im Hummelgau. b. Die Hölle.

II. Act: Im Wirthshaus eines Kulmbach benachbarten
Dorfes.

III. Act: a. Wilder Wald. b. Im Garten des Bürgermeisters mit dem Ausblick auf die Plassenburg.

Zeit: Dreissigjähriger Krieg.

Rechts und links vom Zuschauer aus.

ERSTER AKT.

Anmuthige Frühsommer-Landschaft. Dem Hintergrunde zu senkt sich das Terrain, so dass man den Blick in ein Thal gewinnt. Im Vordergrunde rechts: ein junger Buchenwald, mit Fichten untermischt. Links: die letzten Gehöfte eines Dorfes. Nachmittagsstimmung. Noch bei geschlossenem Vorhang erklingt aus dem Thal eine Trompeten-Fanfare, die allmählich immer stärker vernehmbar wird. Gleich nach Oeffnen des Vorhangs eilen in freudiger Erregung aus dem Dorfe einzeln: erst Kinder, dann Mädchen, Burschen und Frauen, zuletzt die Aelteren herbei, um die heimkehrenden Soldaten zu begrüssen.

DIE BAUERN
(durcheinander).

Sie kommen herauf! Sie kommen!
Seht sie dort unten! Näher! immer näher!
Ach Himmel! Die Freude! Endlich! Endlich!
Wie das Herz mir klopft! Wär'n sie schon da!
Mein Peter! Ich kann's nicht erwarten! Der Fritz!
Da sind sie schon um die Ecke!
(hinunterrufend)
Juchhe! Hohe!

Die Soldaten antworten aus dem Thal.

DIE BAUERN.

Willkommen! Willkommen!

Ein kleiner Trupp Soldaten (ein Theil der Muffel'schen Compagnien von der Plassenburg) kommt vom Hintergrunde herauf. Herzliche Begrüssung mit den Bauern.

AELTERE BÄUERIN.

Nun sagt! Wie gings denn?
Hat die Plag' jetzt ein Ende?

EIN SOLDAT.

Ja, das wenn wir wüssten!
Sie wissen's ja selbst nicht!

Keiner giebt nach!
Bald gehts gegen den, bald gegen den Andern!
Von wem einer Feind ist, weiss er schon lang nicht!

Ein Mädchen
(ihren eben heimgekommenen Bräutigam musternd).

Ja, Adam! Ja, Adam! wie siehst Du denn aus?
Einen Vollbart hast Du und roth ist er gar!
(schmollend sich wegwendend)
Geh! Ich mag Dich nicht mehr!

Aelterer Bauer
(zärtlich besorgt zu seinem Sohn).

Christoph, mein Stoffel!
Du braver lieber Kerl!
Hast Du Dich nicht zu angestrengt?

Zweiter Soldat
(derb).

Oje! Vater, das Streiten!
Da solltest mich seh'n!

Aeltere Bäuerin
(wieder zu ihrem Sohne).

Doch bleibt Ihr nun hier?

Erster Soldat.
Jetzt haben wir Ruh'! —
Sie haben ja kein Geld, so Noth es auch thät!
Die Muffel'schen Compagnien
Die müssen dem Markgrafen langen!
Zwar! s'ist wenig!
In Kulmbach werden sie's spüren.
Denn droben der Kurfürst,
Im Osten Wallenstein;
Nun heisst's auch noch,

Von Norden käm' was rein!
Die Schweden! mit samt ihrem König!
Uebers Meer wollen sie zieh'n!

(grob)

Die brauchten wir grad' noch!
Bis nicht alles zusammengehau'n,
Eh' ruhen wir Raufer doch nicht!

AELTERE BÄUERIN
(kläglich).

Ach, guter Himmel!
Sind sie alle toll?

ERSTER SOLDAT
(freundlich der Mutter die Wange streichelnd).

Mutter! Lassen wir's ruhig!
Ich und Du! wir ändern nichts!
Sind wir froh und gesund,
Kümmern uns Die draussen nicht!

DIE MÄDCHEN
(umringen die Soldaten).

Heut' aber woll'n wir lustig sein!
Und tanzen froh dazu!
Ihr Burschen müsst dran glauben;
Wir lassen Euch keine Ruh'!

Unter den letzten Soldaten, welche ankommen, befindet sich Hans Kraft; er sucht nach seiner Mutter.

HANS KRAFT
(für sich).

Ich seh' sie noch nicht;
Wo mag sie nur sein?

(an ein Mädchen gewandt)

Wo ist die Mutter geblieben?

MÄDCHEN.

Wen meinst Du?

HANS
(heftig).

Die Mutter!

MÄDCHEN
(geärgert sich abwendend).

Ach! welche denn?

HANS
(die ältere Bäuerin am Kleide zupfend)

Wo ist die Frau Marg'reth?

AELTERE BÄUERIN
(kaum seiner achtend).

Frau Marg'reth? Kenn' ich nicht.

HANS.

Du kennst sie nicht?
Ich mein' die Frau Kraft!

AELTERE BÄUERIN.

Was geht die Dich an?
(kehrt ihm den Rücken).

HANS
(an ein anderes Bauernweib sich wendend).

Kennst Du die Frau Marg'reth nicht?
Wohnt sie nicht mehr im Dorf?

ZWEITE BÄUERIN.

Frau Marg'reth? Giebts nicht.

HANS
(erregt).

Was das nur ist?

AELTERER BAUER
(der die Frage gehört).

Die Frau Marg'reth Kraft suchst Du?
Ach! mein Gott! Die ist ja tot!

HANS
(heftig erschreckend).

Was sagst Du? Das ist nicht wahr!

BAUER.

Kann ich's ändern?
Vor drei Jahren ist's gescheh'n!

HANS.

Gott! Du barmherziger Gott!

BAUER
(mitleidig).

Der arme Kerl! Ja, ja!
Das Leben ist hart!

HANS.

Meine Mutter wär' tot!
Ach Jammer!

BAUER.

Oft hat sie gegreint, dass ihr Hans so weit!
An ihr hat's gezehrt: Immer schmächt'ger ward sie,
Bis eines Freitags das Leben zu End' war.
Den Krafthof hat der Wirth jetzt;
Das Vieh war nicht viel werth;
Damit zahlten sie Schulden und die Beerdigung!
Das Grab find'st Du nicht leicht:
Ein neuer Friedhof ist da;
Auf dem alten wächst jetzt Klee.

Die Scene zwischen Hans und dem Bauern spielt sich vorn
rechts ab. Die Uebrigen achten nicht darauf, vielmehr herrscht
beständig reges Leben, indem immer noch einzelne Nachzügler
ankommen und begrüsst werden.

ERSTE BÄUERIN.

Und hört, was ich mir ausgedacht:
Zum Wirth geh'n wir Alle!
Der muss uns heute sämmtlich
Kostenfrei speisen!

ALLE.

Juchhe! Der Wirth soll leben!
Der Wirth und seine Fässer!

Der Wirth (NB. nicht derselbe, wie im 2. und 3. Akt), ein dicker Kerl, sträubt sich gegen diese Zumuthung. Lachen und Schelten durcheinander. Schliesslich machen sie sich auf, um ins Dorf zu ziehen.

HANS
(zum älteren Bauer).

Fänd' ich heut' Herberg' bei Euch?

BAUER
(im Abgehen begriffen).

Bei mir hat's keinen Platz;
Frag' halt beim Wirth an!

HANS.

Im Wirthshaus ich? Bei Lärm und Tanz?

BAUER
(mit den Achseln zuckend).

Ja! Ich kann nicht helfen.
(Geht ab.)

HANS
(an ein Mädchen gewandt).

Bei Euch käm' ich wohl unter?

MÄDCHEN.

Ach, lasst mich in Ruh'!
Fremde braucht's g'rad' noch!

HANS
(ärgerlich).

Unwirsche Bande!

(zur älteren Bäuerin).

Ihr da! Gute Frau!
Ich braucht' ein Lager für die Nacht.

ERSTE BÄUERIN.

Du guter Gott, haben selbst kaum Platz!

HANS.

Wenn's nur auf dem Heuboden wär'!

BÄUERIN
(ärgerlich).

Dass es am End' Feuer giebt?

HANS
(ausser sich).

Ja! will mich Keiner?

AELTERER BAUER.

Geh' halt ins nächste Dorf!

Unter Johlen sind die Bauern und Soldaten ins Dorf gezogen. Hans bleibt allein zurück; er steht wie betäubt da; unter
den in ihm streitenden Gefühlen gewinnt der Schmerz über den
Tod seiner Mutter die Oberhand. Kaum seiner mächtig sinkt er
auf eine Rasenbank (rechts).

HANS.

Mutter, gute Mutter!
So seh' ich Dich nicht mehr!
Was starbst Du so früh?
Brach Dir das Herz,
Weil Du mich nicht mehr sahst?

Als ich zum Krieg zog,
Lustig und sorglos,
Wie sie mich küsste
Und bitterlich weinte:

Ahnt' ich damals den ewigen Abschied? ---
Mein einz'ges Gut ist nun dahin,
Und einsam bin ich —
Sie ruhet sanft!
Ob sie mich hört?
Der Tod trennt uns doch nicht ganz?

— — —

Man hört die Bauern johlen und schreien.

HANS

(auffahrend).

Johlt nur da drinnen,
Ihr gastlichen Bauern!
Meint Ihr gar, Ihr wärt mich schon los?
Da kennt Ihr ihn schlecht:
Der Hans, der rührt sich!
Glaubt Ihr, er liess sich so ruhig verweisen?
Ein Tropf, wer sich nicht wehrt!
Die Nachtruh werd' ich schon zwingen,
Mein Kämmerlein muss ich haben!
Und sollt' ich schier mit Keulen drein schlagen,
Euch, schäbige Bauern, krieg ich doch dran!

Aus dem Wald erschallt gellendes Gelächter. Hans, der zum
Dorfe eilen will, kehrt sich wüthend um.

HANS.

Wer lacht!

— — —

ZWEITE SCENE.

HANS. DER TEUFEL.

Der Teufel, aus dem Walde (rechts) tretend, biegt sich vor Lachen.

TEUFEL.

Ich!

HANS.
(erstaunt).

Was will der?

TEUFEL
(mit beiden Händen den Leib haltend).

Ich kann mich kaum halten!
Der Spass! Aber Hans! Aber Hans!

HANS.

Was giebt's?

TEUFEL.
(liebenswürdig).

Verzeih', dass ich Dich hier belauscht!
Ich sass g'rad' so im Wald,
Wo's bekanntlich ziemlich hallt,
Und die Stimme lauter rauscht
Da hört' ich ein Schelten, furchtbar Droh'n!
Ja, 's ging her in üblem Ton!
Aber Hans! Aber Hans!
Bist Du denn schon ganz verdreht?
Weisst Du nimmer, was Du willst,
Dass durchs Hirn Dir so was geht?
Die Bauern stürmen! Ja, was dann?
Keilerei und Rauferei!
Ist die glücklich nun vorbei,
Freundchen! sag'! was fängst Du an?
Aber Hans! Aber Hans!
Bist doch nicht mehr gar so jung!

HANS
(ruhig, erstaunt).

Wer ist das?

TEUFEL.

Wer ich bin? Guck' mich mal an!

HANS.

Schwarz schaust Du aus,
Als kämst Du von drunten;

Hörner steckst' 'raus,
Wie ich nie sie gefunden!
So wärst Du am Ende?

TEUFEL.
(verschmitzt).

Am Ende bin ich's!
(auf den Pferdefuss zeigend)
Nun sieh' noch da her!

HANS
(lacht).

Hehe! Der Pferdefuss!

TEUFEL.

Merkwürdig! Errathen!

HANS.

Ja! Aber Teufel! Was willst Du?

TEUFEL.

So frägt man nicht, so gradezu!
Mit mir sei man stets delikat!
Ich wüsst' wohl was in meinem Rath —
Doch lass ich Jedem seine Ruh'!

HANS.

Versteh' nicht —

TEUFEL
(kläglich).

Was auf Erden schlecht geschieht,
Davon fällt auf mich der Hohn!
(süsslich)
Nur, wieviel ich schon geholfen,
(weinerlich)
Davon hab' ich niemals Lohn.

HANS.

Haha! Ich merk'! Hier ist was los!
Mein Herr, lasst geh'n; mit mir wird's nichts!
An mir glücken Schliche schlecht!

TEUFEL
(höhnisch).

Schliche? Haha! Schliche?
Das ist wirklich gut!
Was bildet der sich ein?
Als wollt' ich solch 'nen Tölpel?
(herumtänzelnd)
Ich brauch' ja ganz andre!
(will sich zum Abgehen schicken)
Nein, so was! Unglaublich!
Bleib', wie Du bist! Leb' wohl!

HANS
(leise).

Pst — Herr Teufel — pst!
Was ich Euch fragen wollte:

TEUFEL
(für sich).

Er beisst an!
(laut, verächtlich)
Wie?

HANS
(zögernd).

Sag' mal! — Du weisst ja —
Nun — — eben!

TEUFEL
(den Gekränkten spielend)

Jetzt versteh' i c h nicht:
„Nun — eben" — willst Du was?

HANS.
Was wolltest Du gleich sagen?

TEUFEL.

Bist zu grob!

HANS.

Ich dacht' halt, mir soll's geh'n
Wie's in Märchen oft gescheh'n!

TEUFEL
(spottend).

Und Du willst ein Krieger sein?
. Eine Amme bist Du fein,
Die den Kindern den Teufel beschreibt,
Als wenn er so lebt und leibt!
(in die Brust sich werfend)
Hans ein Mann! Kraft der Soldat!

Der Teufel beobachtet die Stimmung des Hans und schleicht
sich dicht an ihn heran.

TEUFEL
(leise).

In Noth bist Du, Armer!
Die Taschen sind leer!
Die Leut' unbarmherzig!
Ach ist das schmerzlich!
Ich sah es schon kommen;
Für Dich trug ich Sorge!
Denn mein Hans darf nicht darben;
Er litt ja genug!
Da sann ich und sann,
Und fand es nun endlich;
Hör' mich drum an,
Und sei drob erkenntlich.

HANS
(leise).

Mich kitzelt's schon ganz sonderbar!
Scheint es nicht, als meint' er's wahr?

TEUFEL
(feierlich).

Mein Reich ist, wie bekannt,
Dort unten ein mächt'ges Land!
Da harren die vielen Seelen
Von denen, die oben fehlen.

HANS.

Was soll mir das?

TEUFEL
(geheimnissvoll und eindringlich).

Der Krieg ist zu End'! Keinen Sold giebt's fürder!
Bist ganz verlassen! Jammervoll dran!
Kein Soldat mehr! Nichts, rein nichts!

HANS.

Weiter! Weiter!

TEUFEL
(verlockend).

Einen herrlichen Posten
Wüsst' ich dem Hans!
Reichlichen Lohn,
Wie nie er geträumt!
Gold in Fülle,
Was sein Herz nur will!
Edler Gesteine
Prächt'gen Schmuck!
Und noch was Andres!
Die Sinne verlockend!
Lieblichster Spiele
Wonn'gen Genuss!

HANS
(leise).

Das ist der Teufel so recht!

2

TEUFEL.

Alles begehre!
Alles erhältst Du!
Geringe Müh'n
Nur sollen Dir blüh'n:

HANS.

Die wären?

TEUFEL.

Dass die Kessel recht brodeln,
Darin die Seelen sich quälen,
Zur Strafe ihrer Sünden,
Muss unter dem Kessel
Licht' Feuer stets brennen.
Wacker lege Scheit auf Scheit! —
Das wär' Deine Thätigkeit!

(Er tänzelt um Hans herum.)

Wie dünkt Dich dieser Plan?

HANS.

Wär' das Alles?

TEUFEL.

Halt' gut' Wacht!
Dass Dir nichts entrinnt!

HANS.

Ist's weiter nichts?
Das könnten wir leisten.
Wie lang' soll es dauern?

TEUFEL.

Zunächst ein Jahr.

HANS.

Kann ich dann heraus?

TEUFEL.

Wie Dir's beliebt.

HANS.

Krieg' ich auch all' das?

TEUFEL.

Dran es nicht fehlen soll!

HANS.

Bist Du ehrlich?

TEUFEL.

Die Frage!

HANS
(für sich).

Wenn nur keine Falle wo liegt!

TEUFEL.

Nur auf die Kessel hab' Acht:
Entschwänd' was daraus,
So müsst' ich Dich strafen!

HANS.

Bin Soldat!
Der weiss, was Wache halten heisst!

TEUFEL
(geschäftig).

Da wär'n wir fertig.

HANS
(sinnt ein Weilchen, sodann ruft er rasch entschlossen dem
Teufel zu:)

Hei! Mir ist's recht!
Ich nehm' Dich beim Wort!
Und willig folg' ich hinab!

Vom Auftritt des Teufels an bis jetzt hat sich die Bühne
sehr allmählich verfinstert.
Der Teufel benützt schnell die willige Stimmung des Hans.
Wie um ihn einzuschläfern, streicht er drei Mal mit der Hand
am Gesichte des Soldaten entlang. Hans fallen die Augen zu.
Die Bühne erfüllt sich mit dichten Wolken.

Auf denn zur Fahrt!
Schliess' die Augen ein Weilchen;
Es geht ziemlich schnell!
Steh' fest! Nicht zittern!

Verwandlung.

———

DRITTE SCENE.

Die Hölle.

Die Wolken zertheilen sich. Die ganze Tiefe der Bühne
nimmt die Decoration der Hölle ein. Phantastisches Felsen-
geklüft. Vorn links, halb in Felsen gemauert grosse Herd-
kessel (oben zugedeckt). Rechts einige Steinsitze mit Tisch-
ähnlichem Felsblock.

TEUFEL.

Wir sind am Ort! He! Wach auf!

HANS
(träumt).

Lass' mich in Ruh'!
Der Gaul ist schon geputzt.

TEUFEL
(rüttelt ihn).

Wach' auf!

HANS
(halb wach).

Zu Befehl! Herr Oberst!

TEUFEL
(lacht).

HANS
(reibt sich die Augen).

Herrje! Wo sind wir?

TEUFEL.

Guck' halt!

Hans sieht sich erstaunt um.

HANS.

Das ist die Hölle?

TEUFFL.

Wir sind zur Stelle!

HANS
(alles musternd).

Was ist wohl das?

TEUFEL.

Der Kessel.

HANS.

Und da hinten?

TEUFEL.

Das sind Kammern.

HANS.

Und da oben?

TEUFEL.

Das sind Löcher.

HANS.

Ist das drollig!
Schön ist's grad' nicht!
Wo schläft man denn hier?

TEUFEL.
(nach der Seite rechts deutend).

Dort —

HANS.

Und Trinken und Essen?

TEUFEL.

Nichts ist vergessen.
Nimm die Pfeife,

Sie schrillt Dir's herbei!

(feierlich sich aufstellend)

Jetzt kommt der Ernst!
Steh' hier und hör':
Ich geh' auf Reisen und lass' Dich allein!
Was sagt' ich Dir oben, was hütest Du fein?

HANS.

Da drinnen die Seelen.

TEUFEL.

Was ist's mit dem Kessel?

HANS.

Den soll ich heizen.

TEUFEL.

Wenn 'was geschieht, was droht' ich?

HANS.

Strafe!

TEUFEL.

Und was hast Du zum Zweiten versprochen?

HANS.

Die Strafen zu tragen.

TEUFEL.

Verstehst Du wohl?

HANS.

Du gehst schon fort?

TEUFEL
(grob).

Kümmert Dich das?

HANS
(für sich).

Oho!

Mach' Dich ans Werk
Und Hölle befohlen!

(verschwindet).

HANS.

Wann kommst Du wieder?
Schon weg? —

Hans setzt sich gemächlich auf einen Stein rechts.

Ist mir's doch als wie im Traum!
Bin ich's? Leb' ich noch?
Dacht' ich immer, man käm' nur tot,
War man schlecht, in dieses Loch!
Wunderlich Ding!

(sich befühlend)

Ich leb' aber ja!
Gewiss leb' ich!
Wär' ja sonst im Kessel da drin'!
Denn, dass oben ich gestorben,
Will mir gar nicht in den Sinn!
Ich bin also ich! Hans Kraft!

— — —

Was würde wohl die Mutter sagen,
Wüsst' sie, wo ich bin?
Und doch! Sie muss es wissen!
Von droben schaut sie sicher herab
Und grämt sich und greint,
Dass der Hans in der Hölle!

(hinauf rufend)

Nein! Mütterchen! Nein!
Es ist ja nicht so schlimm!
Ich geh' ja wieder hinaus!
Gehör' ihm gar nicht an!
Du schüttelst den Kopf
Und faltest die Hände;
Betest und bangst,
Dass dem Sohn 'was zu Leid geschieht!
Lass gehen! Schau mir ins Herz!

Ich bin brav und ehrlich!
Arbeit' hier so gut wie oben!
Verdien' meinen Sold mir!

(halb aufgerichtet)

Auf, Hans! Nicht träg!
An die Arbeit! Flott!

(Er springt auf, greift nach Holzscheiten und schürt den Kessel.)

Hei! Wie's prasselt!
Das knistert und kracht!
Und droben es rasselt,
Dass das Herz mir lacht!

STIMMEN AUS DEM KESSEL.

Weh!

HANS
(einhaltend).

Was ist das?
Hört' ich nicht Stimmen? ——
Still wird's! Lausch! —
Dummheit! Mich trog
Mein eigner Schritt! —

(abermals heizend)

Scheite hoch! Scheite 'rein!
Das mag drinnen siedig sein!

STIMME EINES WACHTMEISTERS AUS DEM KESSEL.

Weh! Au weh!
Lass geh'n! Krauser Wicht!

HANS.

Jetzt schimpft's:
Eine Mannsstimme das!
So lebt's fürwahr
Im höllischen Fass?

STIMMEN
(durcheinander).

Hör' auf das Heizen!
Thu's Holz doch geizen!

WACHTMEISTER.

Wie's brennt und zwickt!
Ich werd' noch verrückt!

HANS
(erstaunt lauschend).

Wer ist der?
Die Stimme? Die kenn' ich!
Ich heiz' noch ein wenig, dann spricht's vielleicht
    mehr!

HANS
(schürt).

WACHTMEISTER.

Himmel-Wetter — Elemente!
Nimmt denn das nicht bald ein Ende?

HANS.

Das ist ja mein . . . . .
Gewiss! 's ist Er!
Ich trau' dem Gehör!
      (laut rufend)
Stimme im Kessel!
Ist Dein Wüthen gestillt?

WACHTMEISTER.

Wer ist der Esel,
Der draussen so brüllt?

Hans
(auflachend).

Ha! Das ist er!
So poltert kein Andrer!
Gegrüsst, alter Brummbär!
Herr Wachtmeister gegrüsst!

    Er klettert auf einer Leiter zum Kessel hinauf, öffnet den
Deckel und lugt hinein.

STIMME DES WACHTMEISTERS.

Lass mich hinaus, Hans, Du mein Fähnrich!
Ehrlicher Bursch! Prächt'ger Helf'rich!

HANS.

Schmeichelst Du wohl,
Quäler! Du Tropf!
Dass ich Dir helfen soll
'Raus aus dem Topf?
Was hast Du auf der Erde
Zu Schanden mich gehetzt!
Wenn ich glücklich zu Pferde,
Mich fluchend wieder abgesetzt!
Noch spür' ich die eine Rippe,
Die durch Deine Schuld fast ich brach!
Vor Mainleus war es! Gelt!
Nun büsse mein Ungemach!
Halt, Du Hecht!
Brat' mal hier flott!
Wer oben so schlecht,
Wird unten zum Spott!
Rechts um! Marsch!

Hans haut den Deckel zu, klettert herunter und heizt
fröhlich zu.

———————

VIERTE SCENE.

HANS. DER FREMDE.

Im Hintergrund, einen Felsenpfad herabwandelnd, erscheint
der Fremde. Hans, der weiter heizt, bemerkt ihn nicht gleich.

DER FREMDE.

Schön'n guten Morgen, junger Kraft!
Wie man hier so munter schafft!
Dass Du lachst, wie nicht gescheit,
Was giebt Dir so arge Freud'?

HANS.

Schau! Ein Mann!
Hat's auch Menschen hier unten?

DER FREMDE.

Wo ich muntre Menschen weiss,
Dahin wandr' ich immer gern;
Denn die Mürrischen lieb' ich nicht,
Bleibe ihrer Mühsal fern.

HANS.

So trafst Du's gut.
Sieh' mal her!

DER FREMDE.

Was heizest Du so wild und froh,
Dass es sprühet lichterloh?

HANS.

Mein Feind ist da drinnen!

DER FREMDE.

Was that Dir wohl der?

HANS.

Mich hat er gehasst!

DER FREMDE.

So bist Du Heizer in der Höll'?

HANS.

Seit Kurzem erst allhier zur Stell',
Wart' ich ab, ob mir's gefällt!
Behagt mir's nicht, so bin ich schnell
Wieder in der Menschen-Welt.

DER FREMDE.

Und wie kamst Du herab?

HANS.

Wenn ich das noch wüsst'!

DER FREMDE.

Ei! ei! Mein Freund, nicht gelogen!
Hieher kommt man nur auf Gewinn!
Dich hat da ein Vertrag gezogen,
Der Dir kitzelte den Sinn.
Das macht auch nichts. Ihr Menschen seid,
Wart und werdet nie gescheidt!
Das hab' ich gern! so mag es sein,
Wollt Ihr anders himmelwärts ein!

HANS.
(für sich).

Wie der so weise spricht!
Mir missfällt der Alte nicht!
Ihr fragt so viel, mein fremder Herr;
Mit wem hab' ich denn wohl die Ehr'?

DER FREMDE.

Ich bin ein Sünder, wie wir Alle.

(Der Fremde, an Hans nicht mehr denkend, verliert sich gänzlich
in Erinnerungen an sein einstiges Leben, über dessen grosse
Augenblicke er hier in Andeutungen spricht.)

Der Kegel bin ich,
Der auf dem Kopfe steht;
Der Greiner, der weint,
Um ewig zu lachen.
Der Leugner, der die Wahrheit zeugt.
Der wachende Schläfer,
Den der Hahn geweckt!

(wieder sich sammelnd, heiter)

Peter Schliesser werd' ich genannt!

HANS.

Jetzt weiss ich's aber ganz genau!

Besser drum, ich frag' Euch schlau,
Was Ihr in der Hölle wollt?

DER FREMDE.

Dass der Teufel Dich geholt,
Hat man oben mir erzählt;
Neugier plagt' mich, da zu schau'n,
Wer sich solches Loos gewählt;
Wie's dem Kauz gefallen mag,
Der Nacht mehr liebt, als frohen Tag.

(setzt sich rechts vorn auf einen Stein)

Mit Dir zu plaudern kam ich gütlich,
Beim Fläschchen Wein, so recht gemüthlich —

HANS.

Ich glaub', hier giebt es keinen.

DER FREMDE.

So schwatzen wir halt trocken;
Oder liebst Du's Reden nicht,
Gäb's vielleicht ein heitres Spiel —

HANS.

Ich hab' aber keins.

DER FREMDE.

So lassen wir es sein,
Und helfen uns, so gut es geht! —
Oder halt! ich fand doch
Neulich auf der Strasse: zwei Würfel.

Hans, der allmählich sich dem Fremden etwas genähert hat,
tritt jetzt begeistert nah hinzu, setzt sich dem Fremden gegenüber auf einem der Steinsitze und reibt sich froh die Hände.

HANS.

Würfel! Herrje!
Wie lang' spielt ich das nicht mehr!

DER FREMDE.

Da sind sie. Magst Du spielen?

HANS.

Freilich! Will ich meinen!
's giebt heut' einen herrlichen Spass!
Aber um was woll'n wir würfeln?

DER FREMDE.

Um was Du willst: um Geld und Gut!

HANS
(kleinlaut).

Ich hab' ja nichts.

DER FREMDE.

Es muss um irgend etwas sein.

HANS.

's ist wahr!

DER FREMDE.

Ist's um ird'sche Güter nicht,
Giebt's traun andre noch.
Wie wär's zum Beispiel:
Um ein paar Lebensjahre?

HANS.

Fällt mir ein!

DER FREMDE

Behagt Dir's nicht,
Ersinn' ich andern Gewinn;
Vielleicht: die Seligkeit?

HANS.

Bist Du wohl nicht gescheit?

DER FREMDE.

Wenn Du nicht setzen willst,
Können wir nicht spielen.

HANS.

Doch! Doch! Wir müssen würfeln!

DER FREMDE.

Ach, was!
Willst Du durchaus würfeln,
Spiel' ich um Geld,
Und Du um Deine Seelen dort.

HANS
(erschrickt).

Um die Seelen?

DER FREMDE.

Kann Dich das quälen,
Drolliger Kerl!
Es sind über tausend,
Was kommt's auf paar an?

HANS
(für sich).

Soll ich trau'n? Mich lockt es schier!
Paar Seelen wen'ger, das merkt er ja nicht!
Verlier' ich: hör' ich halt auf.
(laut)
Gewinn' ich, was giebst Du mir?

DER FREMDE.

Zehn Gulden Dein;
Zwei Seelen mein!

HANS.

Recht so!

DER FREMDE.

Fang' Du an!
Ich folg' sodann!

HANS
(nimmt die Würfel).

Glück auf!

(würfelt).

Verflixt! Nur fünf!

DER FREMDE
(würfelt).

Da haben wir sechs! —

HANS
(für sich).

Dacht' ich's mir doch: der gewinnt!
Aber getrost! Wir woll'n schon siegen!

DER FREMDE.

Zwei Seelen sind mein!
Spielen wir weiter?

HANS.

Was setzen wir?

DER FREMDE.

Du verlangst?

HANS.

Hundert Gulden und einen Gaul —

DER FREMDE.

Deine Wünsche sind nicht faul!
Doch mag es sein,
Giebst Du fünfzig Seelen drein!

(Er würfelt.)

Zehn!

HANS
(ärgerlich).

O weh! Hans, pass auf!

Verflucht! Wieder fünf!
Was mach' ich? Ich muss gewinnen!

DER FREMDE.

Die Seelen sind mein!
Und mein ist die Reihe!

HANS
(heftig).

Lass mich zuerst spielen!
(reisst ihm die Würfel aus der Hand)
Wenn ich diesmal gewann,
Gilt's Tausend und ein Viergespann!

DER FREMDE.

Oder hätte ich zu wählen
Gält's: fünfhundert Deiner Seelen!

HANS
(würfelt).

Aha! Diesmal neun!

DER FREMDE
(spielt).

HANS.

Wieder Zehn. Das gilt nicht!

DER FREMDE.

Wie so?

HANS
(immer erregter).

Fünfhundert Gulden und ein Gut,
Zehn Gäuler, vierzehn Stück Vieh!

DER FREMDE
(würfelt).

Elf!

HANS.

Hol' mich der Teufel, gewinn' ich jetzt nicht!

(würfelt)

Verdammt!

DER FREMDE.

Wie viel?

HANS.

Ich glaub', Du betrügst?
Erlaubst Dir Scherz!
Steckst mit dem Teufel
Unter einer Deck',
Mein Unheil hier zu berathen!
Hüte Dich wohl!
Vorm Greis Respekt!
Doch betrügt das Alter:

(mit der entsprechenden Geste)

Hau'n wir Jungen drauf los!

DER FREMDE
(streng).

Was unterstehst Du Dich?
Kann ich dafür?
Lass' eben das Spiel!

HANS
(erregt vor sich hinstarrend).

Zurück kann ich nicht!
Es muss gelingen!

(zum Fremden)

Dir aber sag' ich:
Merk' ich da was,
Du spürst meine Faust,
Der fehlt's nicht an Kraft.

DER FREMDE
(gelassen).

Fährst Du fort?

HANS.

Das will ich meinen!

DER FREMDE.

So gilt es nun alle Seelen!

HANS
(würfelt).

Juchhe! Zwölf.

(Er steht auf und spaziert hin und her.)

Heia! Ich hab's.

DER FREMDE.

So lass' mich doch auch d'ran!

HANS.

Wozu noch würfeln,
Kannst nimmer höher!

DER FREMDE.

Nur der Ordnung halber.
(würfelt)
Sich' da! Dreizehn.

HANS
(wild).

Was? Das ist unmöglich!

DER FREMDE.

Schau' her! Glaub' es selbst kaum!

HANS
(kaum hinsehend).

Lug und Betrug!
Das giebt's nicht!

DER FREMDE.

Sieh' her!

3*

HANS.

Giebt's nicht. Dreizehn giebt's nicht!
Hältst Du zum Narren mich?
Teufelsgevatter?
Schlauer Hallunke mit Deinem Gelock?
Doch Freundchen! wart'!
Diesmal gelingt Dir's nicht!
Denn eher, dass es dreizehn giebt,
Schlag' ich Dir den Schädel entzwei!

Hans tritt etwas zurück.

DER FREMDE
(streng).

Ruhig! Wütherich!
Wo ist Betrug?
Hier stehen sechs und dort sieben!

HANS.

Dreizehn giebt's nicht.

DER FREMDE.

So guck' es doch an!

HANS.

Was schau'n und seh'n,
Fühl', Du Elender, wen Du betrügst!

(Er stürzt wüthend auf den Fremden zu, um ihn zu knebeln.)

Der Fremde richtet sich hoch auf. Ein Strahl umleuchtet
sein Haupt. Hans hält plötzlich vor ihm ein und weicht wie
von einer höheren Macht gebändigt, zurück. Der Schein nimmt
allmählich wieder ab.

DER FREMDE.

Friede!
Wir sind am Ziel,
Erleide die Strafe
Für unbedacht' Spiel!

(Von hier ab bis zur Rückkehr des Teufels bleibt Hans regungs-
los stehen.)

DER FREMDE.

Du hast verloren!
Mein ist der Sieg.

DER FREMDE
(den Kesseln sich zuwendend).

Die in Jammer und Leid
Dem Satan verfallen,
Aus Höllenqual seid befreit!

CHOR
(aus der Höhe).

Halleluja! Halleluja!

DER FREMDE
(tritt an Hans heran).

Dir, guter Hans, Dir dank' ich fürwahr —
Eine herrliche Gabe botst Du mir dar.
  Um gute That
  Ist's niemals schad'.
Mag's heut' Dich gereu'n,
Wird's künftig Dich freu'n!
Zum Lohn hör' meinen Rath,
Und acht' ihn gut:
Des Teufels Versuchung bist Du erlegen,
Die Schlinge, die ich warf, in die sprangst Du
               verwegen!
Nun heisst es büssen, Arges leiden!
Was es auch sei, ertrag' es fromm.
Denn fern von Dir, Deiner gedenkend
  Wohnt ein Freund!
Leb' wohl, armer Wicht!
Du unbedacht Froher, unbedacht Trüber,
Du Tölpel! Leb' wohl!
(Der Fremde geht ab.)

———

FÜNFTE SCENE.

HANS. DER TEUFEL.

Leise beginnend erhebt sich allmählich ein furchtbares
Windgeheul und Donnergebraus. Endlich stürzt der Teufel wie

ein Wahnsinniger herein, hinkt die Leiter hinauf, öffnet die
Deckel seiner Kessel und findet das Schreckliche bestätigt; er
stampft, haut mit den Armen um sich, flucht, heult — kurz, be-
nimmt sich höchst unmanierlich.

DER TEUFEL.

Ist's wahr! Ist's wahr!
Ha! Verflucht! Verflucht! Verdammt!

(Hans ins Gesicht brüllend)

Büssen sollst Du das!
Strafen will ich Dich,
Wie ich nie gestraft!

(höhnisch)

Streng meinst Du? Schwer? Hart?
Nein!

(Sein Auge funkelt von wilder Begeisterung über seinen
höllischen Plan.)

Schmählich! Schmachvoll! Lächerlich!
Voll Spott und Hohn!
Als Narrenfratze büsse Du!

HANS.

Begreif' doch! ich wurde verlockt!

TEUFEL.

Schweig'!
Hör' die Strafe, die Dir wird:

Teufelähnlich, schwarz berusst,
Durch die Welt Du wandern musst.
Nie sollst Wasser Du benützen,
Waschen nie Dein Angesicht;
Deine Nägel lasse wachsen,
Deine Ohren putze nicht.
So bedeckt mit Schmutz und Koth
Werde aller Menschen Spott.

HANS.

Wetter! was soll das werden?

TEUFEL.

Ewig müsstest so Du zieh'n,
Nie würde Gnade Dir verlieh'n;
Und verfallen meiner Fessel
Müsstest Du jammern dort im Kessel:
Wenn nicht Eines Dir erblüht:
Dass ein Mädchen für Dich erglüht!

(Abgewandt hat Hans mit wachsender Erbitterung zugehört;
wüthend kehrt er sich dem Teufel zu, um sich eine derartige
Strafe zu verbitten).

HANS.

Bist Du toll? Meinst Du, das thät' ich?
Ha! Fällt mir ein!
Aus dem Unfug wird nichts!

TEUFEL
(lächelnd).

Was sagt der?

HANS.

Gieb eine andere Strafe!
Die da verbitt' ich mir!
Oder bestehst Du darauf:
Deinen Russ werd' ich schon 'runterkriegen,
Und werd' mich waschen,
Wie mir's behagt!

TEUFEL.

Was hat er mir geschworen?

HANS.

Geschworen?

TEUFEL.

Schon vergessen?
Oder hält Er vielleicht
Kein Versprechen?
Um so besser!
Dann ist er mir ja gleich verfallen!

Denn das sage ich Dir, Freundchen!
Im Himmel giebt's keine Meineidigen!

HANS
(ausser sich).

Meineidig?
(für sich)
Verfluchter Hund!
Da bin ich gefangen!
Der Teufel lehrt mich Ehrgefühl!

TEUFEL.

Bin noch nicht fertig:
Findest Du die treue Maid,
Die Dich liebt mit Innigkeit,
Frei bist Du dann und freudig wieder,
Waschen darfst Du Deine Glieder.
Nimmer droh' ich unbequem:
Hans bist Du von ehedem. —
Um zu seh'n, ob sie treu;
(Denn verliebt sind leicht die Dinger!)
Deinen Ring dort theil' entzwei,
Steck' die Hälfte ihr an den Finger.
Sind drei Jahre ganz verstrichen,
Wo Du fern von ihr geweilt,
Und das Gold ist nicht geblichen:
Nun, dann bist Du ganz geheilt.

HANS
(schmerzlich).

Ach, wie fänd' ich wohl je
Die Maid, die so mich liebt,
Dass durch widerlich ekle Gestalt
Mein wahr' Gesicht sie säh'?
Schlimm ergeht's mir!
Was soll's mit mir nur haben?

TEUFEL

(etwas gerührt).

Doch, dass Du nicht darbst,
Wanderst Du umher,
Geb' ich als Gabe
Einen Sack voll Habe:
Wenn Hunger Dich quält,
Drinnen nichts fehlt;
Greifst Du hinein:
Gold lacht Dir fein!
Gewinnst Du die Wette,
Findst Du die Maid:
Verlange drei Wünsche
Ich erfüll' sie Dir.

(näher tretend, leise)

Das Gold, wer weiss?
Macht Manchem heiss!

HANS

(sich umwendend).

Pfui! Schändlicher!

TEUFEL.

Hab' ich 'was gesagt?

HANS

(sich aufraffend).

Aber weh' Dir, Herr Mosje!
Glückte mir die Wette je!
Bei dem Worte nehm' ich Dich,
Dass Du künftig denkst an mich!
Drei der Wünsche werd' ich bringen,
Dass die Teufel Amen singen.

Der Teufel wendet sich und pfeift in ausgelassenster Stimmung.

TEUFEL

(nach verschiedenen Seiten rufend)

Herbei! Herbei!
Alle herbei! Hölle herbei!

HANS
(erstaunt).

Wen rufst Du?

TEUFEL
(lächelnd).

Die Vollstrecker meines Willens.

SECHSTE SCENE.

Aus allen Winkeln, von oben geflogen, aus dem Boden und den Felswänden gekrochen, fliegt und krabbelt herbei eine Unschaar kleinerer und grösserer Teufelchen (wie man sie auf den Bildern des Höllenbreughel und Teniers abgebildet sieht). Mit Freuden entdecken sie, dass ihr Meister wieder einmal ein Opfer erwischt hat; sie machen sich unter einander auf Hans aufmerksam, der, trotz seiner jämmerlichen Stimmung, über die Fratzen lachen muss.

HANS.

Was sind das für Fratzen?
Da, sieh' nur die Kerle!

TEUFEL.

Alle herbei! Herbei!

HANS.

Wie die schwänzeln,
Tänzeln!
Diese Affenkatzen-Menschen!

Der Teufel schaart die Kleinen um sich und ertheilt ihnen seinen Auftrag.

TEUFEL.

Kommt hierher, Ihr neckischen Kerle,
Lasst Euch sagen, was es heut' giebt.
Geht zum Ofen dort:
Holt Russ und Dreck herbei!
Dann tretet heran
Zu jenem Mann,
Bespritzt ihn mit Russ
Vom Kopf bis zum Fuss!

Die Teufelchen eilen schreiend und lachend nach verschiedenen Seiten; holen kleine Schuttkästchen, kehren zurück und harren des Befehls, um mit der Arbeit zu beginnen.

TEUFEL.

Fangt an!

Das Werk der Teufelchen beginnt unter Lachen und Schreien. Hans wehrt sich, so gut er kann; doch je mehr er sich rührt, desto frecher wird die kleine Bande.

HANS.

Pfui! Eklige Brut:
Könnt' ich Euch treten.

Der Teufel, der mit Zufriedenheit die Verwirklichung seiner neu erfundenen Strafe ansieht, spornt lachend und spottend die kleinen Bengel an.

TEUFEL.

So ist's recht!
Fest! Nur zu!

HANS.

Weg mit den Tatzen,
Nicht in den Mund Euer Zeug!

Hans versucht wiederholt, den Russ abzuschütteln; doch zu seinem Schrecken merkt er, dass der Russ nicht abgeht.

Der Teufel holt aus einer alten Truhe den Sack; er hängt ihn Hans Kraft um.

Ausserdem holt er ein Bärenfell, staubt es aus, sieht es lachend an, hält es Hans vor's Gesicht, als wollte er sagen: Kennst Du das? — und hängt es ihm schliesslich über den Rücken. —

Als die kleinen Teufel ihr Werk beendet, tanzen sie einen munteren Reigen um ihr Opfer.

Der Teufel klettert auf die Leiter, und kommandirt vom Rande des Kessels aus, so dass er, alles überragend, als mächtiger Höllenfürst die letzte Drohung Hans zurufen kann.

Den Teufelchen ruft er zu:

Werft ihn hinaus! — —
Höllenspuk! Flammengluth!
Heraus! Heraus!

Furchtbarer Höllenzauber beginnt. Feuerflammen, Blitz und Donner; aus den Felsenlöchern dringen Schlangen, Drachen, Skorpione etc. etc. Die Teufelchen schleppen Hans dem Hintergrunde zu, wo sich im Felsen ein Drachenmaul-ähnliches Loch öffnet, welches den halb ohnmächtigen Burschen ausspeien soll.

TEUFEL.

In diesen Flammen loderst Du licht,
Findst Du Dir Dein Weibchen nicht!

Die Teufelchen haben Hans bis zum Loch geschleppt. Auf drei Rucke gelingt es ihnen, ihn hinaus zu schleudern.

Der Vorhang fällt.

ZWEITER AKT.

ERSTE SCENE.

Grosser scheunenartiger Raum, der zum Wirthshaus her-
gerichtet ist. Fast den ganzen Hintergrund nimmt ein hölzernes
Thor ein, in welchem eine kleine Pforte angebracht ist. An der
Wand rechts, dem Hintergrunde zu, ein Fensterchen; vorn eine
Thüre. Links zwei Thüren. Es ist Nacht. Bauern sitzen an
verschiedenen Tischen vertheilt. Rechts, mehr dem Hintergrunde
zu, der Pfarrer, der Bürgermeister und einige ältere Bauern,
theils Karten spielend, theils sich unterhaltend. Vorn links ein
Tisch mit jüngeren Burschen, die sich schaurige Geschichten
erzählen. Anna, das Schenkmädchen (die einzige weibliche Person),
hört ihnen zu; sie ist an einen Stuhl gelehnt und setzt sich erst,
als sie selbst zu erzählen beginnt. Der Wirth, Nicolaus Spitz,
ein magerer Kauz, läuft hin und her, von Einem zum Andern,
zum Trinken aufmunternd. (Das grosse Thor ist geschlossen.)

HEINER
(ein junger Bauer, im Erzählen begriffen).

Und wie ich da geh' zum Dorf hinaus —
Finster war's; die Glock' schlug elf —
Da hört' ich's rauschen, dort bei der Mühle!
Bei den Pappeln! Ihr wisst! —
Unsereiner fürchtet sich nicht!
Muthig geht's weiter!
Hinter'm Baum
Recht am Saum,
Wo der Wald weit entlang —
Seh' ich plötzlich über'm Weg
Eine fremde Manns-Gestalt;
Klein und krumm
Kroch's herum!
Durch den Anger zum Friedhof —

ANNA
(unterbrechend).

Das ist noch nichts!
Mich solltet Ihr hören!

BAUERN
(grob gegen Anna).

Lass ihn in Ruh! Still da!
Wir hören ihm zu! Halt's Maul!
Weiter, Heiner!

ANNA
(zu Heiner).

Mach' bis'chen schnell!

HEINER
(geärgert).

Jetzt bin ich ganz draus!

BÜRGERMEISTER
(vorrufend).

Wenn der Heiner nicht will,
Soll halt die Anna erzählen.
Ihr Andern! seid still
Mit Eurem Krakehlen!

ANNA
(sich zurecht setzend).

Bauern! Passt auf!
Was ich sah, ist wahr!
Im März war's, vor'ges Jahr,
Ich sollt' 'nauf zum Boden,
Die Wäsche zu holen;
Steig' die Stufen hinauf,
Summ' vor mich hin im Lauf;
Der Mond schien hell durch's Fenster.
Zwölf schlägt's laut;
Kaum hab' ich mich umgeschaut,
Klopft's an der untern Thür!

Es klopft an der Thür vorn rechts. Einige merken es.

BAUERN.

Was giebt's?

EINER.

Ich mein', es hätt' geklopft!

DIE ANDERN
(zu Anna).

Weiter!

ANNA
(zum Einen gewandt).

Du bist mir 'mal ein Held!
(Es klopft wieder.)

ANNA
(auffahrend).

Himmel! Was ist's!
(Die Bauern sehen sich erstaunt an.)

EINER.

Es hat geklopft.

EIN ZWEITER.

Mein' es auch.

EIN DRITTER.

Gepocht hat's.

ANNA.

Hab' Angst.

EIN VIERTER.

Still! Kein Laut!

ANNA.

Geh' Einer zur Thür.

EIN ZWEITER.

Da wär'n wir blöd!

ANNA.

Stoffel, sei gescheidt!

EIN DRITTER.

Ich!

ANNA.

Herr Pfarrer?

PFARRER.

Wie meinst Du?

ANNA.

Wirth, geh Du!

WIRTH.

Fällt mir ein!

ANNA
(verächtlich).

Ihr Mannsbilder, Ihr!

Sie geht zur Thüre, hebt leise den Riegel und lugt hinaus. Sobald sie Hans Kraft draussen erblickt, schlägt sie die Thür zu, stemmt sich mit den Schultern dagegen und schreit in grösster Erregung das Folgende von derselben Stelle aus den Bauern zu.

Schnell! Alles zu!
Verstopft die Thüren,
Stellt Stühle davor;
Das Fenster auch!
Eilt, Ihr Bauern!
Denn hört: Ich sah ihn draussen lauern:
Der Teufel ist da!

Die Bauern springen auf, nehmen Tische und Stühle und was sonst zur Hand ist und verstellen damit sämmtliche Oeffnungen, durch welche der vermeintliche Teufel durch könnte. Sie schwatzen und schimpfen während der Verrammelung. Wirres Durcheinander; Anna und der Wirth kommandiren.

HANS KRAFT
(von aussen).

Macht auf! Lasst mich ein!

(Die Bauern lauschen.)

BAUERN
(einige).

Es ruft!

HANS.

Ich zahl' ja die Zech'.

PFARRER.

Hört nicht auf ihn!
Er verführt Euren Sinn.

HANS.

Mich hungert! Lasst mich ein!

BAUERN
(leise).

Ruhig!

PFARRER.

Im Namen des Himmels frag' ich Dich laut:
Wer bist Du, vor dem es uns graut?

HANS.

Wer ich bin? Ein Mensch, wie alle Andern,
Der müd' und matt von langem Wandern.

EINIGE BAUERN.

Wie er die Stimme verstellt!

ANDERE.

Das glückt ihm nicht!

PFARRER.

Wie ist Dein Name?

HANS
(ungeduldig).

Was kümmert Euch der?
Ich heiss', wie ich will!
Lasst das Fragen;
Alles Euch sagen,
Fiel' mir grad' ein!

PFARRER.

So ·bist Du ohne Zweifel
Kein Andrer als der Teufel!

HANS
(in Gelächter ausbrechend).

O, Ihr Schafsköpfe!
Feige Tröpfe
Ich der Teufel
Ohne Zweifel!
(grob)
Auf das Thor! Oder ich stürm'!

EINIGE BAUERN.

Habt Ihr's gehört?

ANDERE.

Wär' er's nicht?

BÜRGERMEISTER.

Schimpfen kann er
Wie unsereiner!

PFARRER
(leise zum Bürgermeister).

Wie meint Ihr? Sagt:
Sei's gewagt?

BÜRGERMEISTER
(halb ernst, halb scherzend).

Zur Sicherheit man sehen muss,
Wie es bestellt ist mit dem Fuss!

BAUERN
(mit Wichtigkeit).

Richtig! Ja! Das ist wahr!
Dann wird die Sache wohl uns klar.

4

BÜRGERMEISTER
(stellt sich in die Mitte und ruft hinaus).

Mann da draussen unbekannt,
Seid Ihr der Teufel nicht benannt:
Hier durchs Fenster neben dem Thor
Zeigt den Fuss uns frei hervor!

HANS
(scherzend).

Wer jetzt sprach, hat Verstand,
So halt' ich den Fuss dort über'n Rand.

Die Bauern bilden einen Halbkreis links; die rechte Seite,
wo sich das Fenster befindet, bleibt leer. Anna nimmt einen
Stuhl, hält ihn vorsichtig zur Thüre hinaus, damit Hans sich
während der Fuss-Untersuchung setzen kann. Ein Bauer öffnet
ein kleines Scheibenquadrat im Fenster, wodurch Hans seinen
Fuss stecken soll.

Hans steckt den rechten Fuss durch das Loch; die Bauern
treten einzeln näher und besichtigen ihn, ohne jedoch ihn zu
berühren.

BAUERN.

Nichts zu finden
Vorn und hinten.
Man kann es sehen,
Es sind fünf Zehen.

Der Bürgermeister betrachtet die ganze Unternehmung mit
leiser Ironie, ohne indess es die Bauern merken zu lassen.

BÜRGERMEISTER
(hinausrufend).

Nun den andern!

Hans steckt den rechten Fuss zurück und lässt den linken
sehen. Abermalige wichtige Untersuchung und Berathung der
Bauern.

BÜRGERMEISTER.

Jetzt alle beide!

(Hans geräth in immer grössere Heiterkeit.)

BÜRGERMEISTER
(leise zu zwei Burschen).

Zieht beide ihm aus!
Dann haben wir's 'raus!

Beide Burschen schleichen auf den Fussspitzen an Hans'
Füsse heran. Jeder ergreift einen Stiefel; mit einem starken
Ruck gelingt es ihnen, dieselben herunterzubringen. Die Bauern
mustern die dunklen Socken: nichts von einem Pferdefuss ist zu
entdecken.

BÜRGERMEISTER
(hinausrufend).

Weg die Füsse!

(zu den Burschen)

Gebt ihm die Stiefel zurück.

Die Stiefel werden hinausbefördert; während dem bilden die
Bauern um den Pfarrer und Bürgermeister einen Kreis, um den
Fall zu erörtern.

BAUERN.

Was geschieht?

Mit den wieder erlangten Stiefeln haut Hans Kraft das Fenster
ein und springt in die Wirthsstube; er steht auf einer Bank, von
wo aus er den bestürzten (links im Halbkreis stehenden) Bauern
das Folgende freundlich lächelnd zusingt.

HANS.

Ei! seht nur diese Bauern,
Wie sie sich fürchten und schauern:
Sie zittern ganz und zagen,
Zu athmen schier nicht wagen!
Ja, seht mich doch nur an,
Ob teuflisch was an mir!
Ja guckt und glotzt genau,
Dass Keiner falsch mir trau'!

Bei den Bauern geht allmählich die Erstarrung in Staunen
ob dieser unglaublichen Erscheinung über. Hans bleibt zunächst
oben stehen und lässt sich von den Bauern mustern. Sodann
zieht er sich gemächlich die Stiefeln an und schreitet endlich
mit scheinbarer Gleichgültigkeit dem Vordergrunde zu.

BAUERN
(leise).

Was ist wohl das für Einer!
So was sah ich noch nie!
Der gleicht ja ganz dem Teufel,
Vom Kopf bis zu den Fersen!
So läuft man nicht herum,
Ist's im Hirne nicht wo krumm.

ANNA

(die Hände zusammenschlagend).

Ja! Um des Himmels willen!
Wer bist Du denn?
So schaut den Kerl!
Habt Ihr je
So 'was erlebt!

(lacht laut.)

BÜRGERMEISTER.

So alt ich bin und weit erfahren,
So 'was hab' ich nie erlebt!

ANNA.

Kommt! Seht!

BAUERN

(durcheinander).

Guckt Euch dem seine Tracht mal an!
Voll Russ und Dreck! Die Nägel seht!
Was hat denn der für'n Kopfputz auf!
Haha! Da mag es Flöhe geben!
Da könnt man 'mit paar Kissen stopfen!
Bist Du ein Heide? Ein Polak?
Weisst Du nicht, dass Pfingsten kommt?
Wie ein Köhler russig und kraus
Läuft der in die Welt hinaus!

HANS.

Ich bin eben eigen!
Ein drolliger Kauz,
So dacht' ich zu zeigen,
Dass es Schwarze auch giebt!
's ist mal mein Spass,
Die Leute zu schrecken,
Sie recht bei der Nas'
Zu führen und necken.

(setzt sich vorn rechts.)

DER WIRTH
(dreist).

Aber, mein Herr! Das geht nicht!
So nehm' ich Niemand auf!
Und dort das Fenster
Kostet einen Gulden!
Drum zahlt und macht Euch fort!

Die Bauern richten die Wirthsstube wieder zurecht.
Hans greift in den Sack und giebt dem Wirth einen Dukaten. Dieser sieht ihn erstaunt an.

HANS.

Da! Nimm!
Bring' mir mein Bier!

WIRTH
(sofort umgestimmt, glaubt, es mit einem Vornehmen zu thun zu haben; darum schmeichelt er ihm auf das Lieblichste).

Gleich! sofort! Gewiss, Herr Graf!
Mein Irren verzeiht!
In der Verkleidung, verehrlicher Graf,
Nicht Euer Gnaden gleich erkannt' ich!
(pathetisch)
Wer wär' auch darauf gefasst
Auf solch 'nen hohen Gast!

HANS
(herablassend).

Wie leicht man sich irrt!
Beruhigt Euch, Herr Wirth!

WIRTH
(leise für sich, misstrauisch).

Wer Der nur ist?
(leise zu Anna)
Anna, frag' ihn bis'chen aus.

Hans beobachtet die argwöhnische Stimmung des Wirths.
Anna geht zum Tisch, wo Hans sitzt; der Wirth bleibt links stehen. Die Uebrigen hören dem Gespräch aufmerksam zu.

ANNA.

Du! Herr Bärenhäuter!
Wer bist Du denn eigentlich?

Sie setzt sich mit aufgestützten Ellenbogen ihm gegenüber
Der Wirth bringt Hans einen Zinnkrug.

HANS

(stellt sich, als sei er verrückt, um das Unglaubliche seiner Erscheinung erklärlich zu machen. Er blickt wild um sich, gestikulirt sonderbar, so dass es schliesslich Anna Angst wird).

Wer ich bin?
Dem Kaiser von Marokko bin ich verwandt;
Ich sollt' auf den Thron! Doch ward ich verbannt!
Was sie schmiedeten, macht' ich zu Schand!
Die Brandung wogte! Es bebte das Land!

(immer wilder)

Erd' und Himmel schaudert und schaukelt!

ANNA

(fährt entsetzt auf).

Allmächt'ger!

(leise zu den Andern)

Bei dem rappelt's!

PFARRER

(aufstehend).

Lasst ihn in Frieden,
Gutartig dünkt er mich!

(zum Wirth)

Gieb ihm ein Zimmer für die Nacht.
Ihr Andern! geht nach Haus.
Morgen ist das heilige Pfingstfest.
Kommt recht brav zur Kirche,
Und betet, dass unser armes Land
Gott von Krieg erhalt'!

ANNA.

Herr Pfarrer?
Da dürften wir wohl nicht tanzen?

PFARRER
(freundlich).

Es schliesst das Eine das Andere nicht aus.

Der Pfarrer giebt das Zeichen zum Nachhausegehen. Er
grüsst die Bauern, die ihm gleich darauf folgen. Der Bürgermeister ist an seinem Tisch eingenickt. Die Bauern bemerken
es lächelnd wie etwas Altgewohntes.

DIE BAUERN
(zum Pfarrer).

Gute Nacht! Herr Pfarrer!
(zum Bürgermeister)
Dem brauchen wir's nicht wünschen,
Der schläft schon so!

ANNA.
Sprecht bald wieder zu!

Die Bauern gucken auf Hans, halb erstaunt, halb mitleidig.

DIE BAUERN
(zu Hans).

Gute Nacht!
HANS.
Gute Nacht!

Die Bauern gehen ab. Die Wirthsstube ist fast leer; Hans
an seinem Tische sitzt in Gedanken versunken; er seufzt leise.
Der Bürgermeister, an dem seinigen, schläft ruhig weiter.

ZWEITE SCENE.

Der Wirth tritt ein; bleibt hinten stehen, sodann geht er
frech auf den schlafenden Bürgermeister zu; er achtet nicht auf
Hans, der anfangs kaum auf das Zwiegespräch hört.

WIRTH.

Heut' krieg' ich ihn dran,
Diesen Taugenichts!
Wenn er wieder nicht kann,
Pfänd' ich sein Gut! —

(hinzutretend)

Herr Rath! 's ist Zeit!
Morgen ist heut'!
Halb um die Nacht!
Aufgewacht!

BÜRGERMEISTER
(halb im Schlaf).

Lümmel! Plager!
Bring' herein mein Lager!

WIRTH
(rüttelt).

Auf! mein Herr!
Heut' wird's aber schwer!
Da ist der Beutel nicht leer!
Gott sei Dank!
Ihr verspracht mir ja,
Ich sollt' es heute blank —

BÜRGERMEISTER.

Blank willst Du's? Wohin?

WIRTH.

Ihr schuldet viel!
Und jetzt ist Termin!

BÜRGERMEISTER.

Diesem Lumpen
Auch noch pumpen?

WIRTH.

Oho!
Nicht so!
So geht's nicht!
Schön hier geblieben,
Sonst geht's vor Gericht!

BÜRGERMEISTER
(sich etwas aufrichtend).

Schad', Herr Wirth, .
Dass den Humor Ihr verliert!

WIRTH.

Jawohl! Humor!
Woher ihn nehmen?
(an die Stirn sich schlagend)
Ach! Ich Narr!
So lang zu säumen!
(wüthend)
Mir reisst die Geduld!
Ich verlang' die Schuld!
(ein Papier herausnehmend)
Hier! seht das Papier!
Seit Weihnachten habt Ihr schier
Noch nicht gezahlt!
Wartet! Halt!
Ich geb' keine Ruh'!

BÜRGERMEISTER.

Her Dein Papier!
(nimmt und besieht es)
Ha! Das Geschmier!
(betrachtet es genauer und geräth in Verlegenheit)
Sechzig Gulden?
Müsst Euch gedulden!

WIRTH
(schreiend).

Nein! nein! nein! nein!
Ich lass' Euch nicht fort!

Er packt und hält den Bürgermeister beim Kragen. Sie raufen.

BÜRGERMEISTER.

Weg! Hab' ja nichts!
Bengel! hei! wirst Du frech!
Henkerswirth! Hund, Du verfluchter!

WIRTH.

Nein, Du musst! her!
Pfui, Du Schäbiger!
Wart'! ich pfände Dich!

Hans, der dem zunehmenden Streit aufmerksam zugehört,
hat in seinen auf dem Tisch liegenden Sack gegriffen und giebt
jetzt dem Wirth die sechzig Gulden. Erstaunen der beiden
Streitenden.

HANS.

Ich zahl'!

Der Wirth sieht das Geld verwundert an; der Bürgermeister
ist in peinlichster Verlegenheit.

BÜRGERMEISTER
(den Kopf sich kratzend).

Peinlich das!

HANS
(lächelnd).

Der Wirth traut nicht!
So nehm er's Gewicht!
Vielleicht, weil ich russig,
Dünkt es' ihm gruslich!

WIRTH
(stellt sich sofort höchst liebenswürdig).

O mein Herr!
Nimmermehr:
Nur ist's schad',
Dass Euer Gnad'
Geld vergeud'
An solche Leut'!

HANS
(unwillig).

Sonst nichts?
So lass' er uns allein!

WIRTH
(schmeichelnd).

Bleibt Ihr noch auf?

HANS.

Kümmert Ihn das?

WIRTH
(nach rechts deutend).

Dort Euer Gemach!

HANS.

Schon gut!

WIRTH.

Und der Schlüssel für's Thor dort!

HANS.

Ja! Ja!

WIRTH.

Wein gefällig?

HANS.

Nein.

(ungeduldig)

Ist Er bald fertig?

WIRTH.

Gleich! Gleich!

Der Wirth macht sich mit Stühlen und Tischen zu schaffen und lugt dabei neugierig nach dem Tische rechts, wo Hans' Geldsack liegt. Argwohn und Diebsgelüst streiten in ihm.

HANS
(dreht sich heftig um).

Schlaft wohl, Herr Wirth!

WIRTH
(zusammenzuckend).

Gute Nacht!

(Er geht durch die hintere Thüre an der linken Wand ab.)

Der Bürgermeister steht noch immer an derselben Stelle, nicht recht wissend, ob er sich über das Vorgefallene freuen oder schämen soll. Die merkwürdige Persönlichkeit des Hans erweckt in ihm den Gedanken, dass er es mit einem Vornehmen zu thun hat.

— — — — —

DRITTE SCENE.

HANS UND DER BÜRGERMEISTER.

Hans nimmt den Krug von seinem Tisch und gesellt sich zum Bürgermeister, der sich gleichfalls setzt.

HANS.

Verzeiht die Kühnheit!
In meiner Schuld
Hat's lang Geduld!

BÜRGERMEISTER.

Noch, fremder Sonderling,
Ist mein Staunen nicht gering!
Was gescheh'n,
Ich hab's geseh'n,
Dank Euch drum von Herzen sehr!
Frag' mich nur: wie mag es sein,
Dass grad' mir aus der Beschwer' —

HANS
(unterbrechend).

Lass das Sorgen!
Willig Borgen
Macht mir Freude!

BÜRGERMEISTER.

Glaub' es gern! wer's halt kann:
Ihr seid recht ein reicher Mann?

HANS
(ausweichend).

Arm und reich! dächt' es schon!

BÜRGERMEISTER.

Errath' ich Euch! Eines Edlen Sohn?

HANS.

Wer mag's wissen!

BÜRGERMEISTER
(leise).

Wie oft geschah's,
Was in Büchern ich las:
Dass Zauberer die Menschen
Thäten verwünschen!

HANS.

's muss so 'was geben!
's wär' öd' sonst im Leben —

BÜRGERMEISTER.

Auch von Gelübden
Sprachen die Leut'!
Die Manchem trübten
Die Lebensfreud'!

HANS.

Ein Jeder sich quält,
Wie's ihm gefällt!

BÜRGERMEISTER.

Immer so allein?

HANS.

Wär't Ihr's nicht auch?

BÜRGERMEISTER
(an eigene Nöthen gemahnt)

Behüte! Du guter Gott!
Das klingt wie Spott!
Stünd's denn so mit mir!
Wär'n wir nicht unsrer Vier!
Weiss oft nicht vor Sorgen,
Woher s'Essen für morgen!
Dazu in Amt und Würden
Bürgermeister-Bürden:

Drei Mädel hab' ich daheim!
Die Eine zwanzig Jahr!
Die Lene noch mehr!

(mild)

Die Kleinste! die ist lieb!
Das Luisel hab' ich gern;
Nur tappig ist sie und jung!
Aber die Andern! Die Andern!
Um die wenn Einer freit,
Ein Rad schlüg' ich vor Freud'!

In Hans erwacht die Hoffnung, das Mädchen zu finden, das ihn von seiner schimpflichen Strafe befreit.

HANS
(leise).

Am End' wär' er nicht weit!

BÜRGERMEISTER
(erstaunt).

Wer?

HANS.

Der Freier —

BÜRGERMEISTER.

Wie meint Ihr?

HANS
(ruhig).

Ich biet' mich an!

BÜRGERMEISTER.

Was sagt Ihr da?
Ihr wolltet Eine?

HANS.

Ja!

BÜRGERMEISTER.

Himmel! was ist das?
Treibt er Spass?
Versteh' ich recht?

HANS.

Ich möchte —

BÜRGERMEISTER.

Eine?

HANS.

Von Deinen —

BÜRGERMEISTER.

Töchtern?

HANS.

So ist's!

BÜRGERMEISTER
(in freudigster Stimmung, eine seiner Töchter zu verheirathen).

Trau' ich den Ohren!
Ich wär' der glücklichste Mann!
Halt! mir wird's ganz dumm!
Da drinnen pumpert's herum!
Ist Euch wirklich Ernst?

HANS
(halb scherzend halb traurig).

Ernst gewiss! Doch auch Scherz!
(auf sich deutend)
Sieh' mich doch an!

BÜRGERMEISTER.

Ach, wenn's weiter nichts ist,
Das soll uns nicht beirren!
Wissen sie erst den Grund,
Wird's sie nicht geniren!

HANS.

Glaubst Du?

BÜRGERMEISTER.

Ei! lasst mich nur sorgen:
Ich erzähl' die Geschicht'!
Wartet, bis zum Morgen

Ich kläglich es richt':
Ich erwähn' vom Gelübde,
Das zum Russ Euch zwang;
Euch betrog 'ne Geliebte;
Das schmerzte Euch lang:
Drum wuscht Ihr Euch nimmer
Ja! Ich mach' es noch schlimmer!

HANS
(glücklich).

Glimmt nicht in mir ein Hoffnungsfunken
Wär's möglich! fänd' ich die Maid!

BÜRGERMEISTER.

Morgen früh
Siehst Du sie!
's ist Maitanz auf dem Feld;
Ich bring' sie her!
Und die Dir wohl gefällt,
Die nimmst Du zur Frau!
Denn schau!
Dank gebührt Dir!
Von läst'gen Schulden
Zur rechten Zeit,
Hast Du heut'
Mich befreit!
(vertraulich sich nähernd)
Nur Eins noch:
Wascht Ihr Euch dann morgen?

HANS
(trocken).

Nein —

BÜRGERMEISTER.
Uebermorgen?

HANS.
Nein —

Ueberübermorgen?

Nein —

Ueberhaupt nicht?

Das — erfährt die Braut.

Der Bürgermeister steht auf, um heimzugehen.

Gut! mein Freund! Gut!
Nur frohen Muth,
Frisch gewagt!
Unverzagt!
Auf morgen! Auf morgen!

Der Bürgermeister reicht Hans herzhaft die Hand. Dieser, eingedenk seiner Erscheinung, zögert einzuschlagen, bis es Jener mit freundlicher Derbheit erzwingt.

Der Bürgermeister geht ab; Hans allein; mit einer Geberde voll freudigster Hoffnung hält er seine Schritte an. Sodann geht er vor an den Tisch und nimmt das Lämpchen, um sich in seine Kammer zu leuchten. Den Sack lässt er aus Vergesslichkeit liegen. —

Die Bühne ist leer und dunkel.

VIERTE SCENE.

An der Thüre links erscheint der Wirth im Nachtgewand mit einer Zipfelmütze auf dem Kopf. Er hält ein Lämpchen vor sich, um zu spähen. Alles ruhig! Er fasst Muth und schleicht auf den Fussspitzen herein, lugt nach dem Tische, wo der Sack lag und liegt. Mit Jubel gewahrt er ihn! Bevor er sich jedoch aus Werk macht, den Sack zu öffnen, horcht er an Hansens Thüre. Alles still! Der Augenblick zum Stehlen ist also günstig. Er greift nach dem einen Ende des Sackes und öffnet. Doch welche Enttäuschung, als er hineingreift. Kein Geld sondern eine klebrige Masse.

Entsetzt will er die Hand zurückziehen, doch hat er sich oben am Zipfel gefangen. Der Sack schwillt mächtig an. Mit äusserster Kraftanstrengung reisst der Wirth die Hand aus demselben.

Alsbald krabbelt und fliegt aus dem Teufelsding alles erdenkliche Ungeziefer, Skorpione, Fledermäuse, fliegende Frösche,

Riesenmücken etc. Sie dringen auf den Wirth ein, der sich ver-
zweifelt wehrt, herauslaufen will, aber die Thüre nicht findet,
auf den Boden schliesslich sich wirft, mit Händen und Füssen
strampelnd; heulend und schreiend, um sich der auf ihn los-
hackenden und beissenden Spukgethiere zu erwehren.

Hans tritt mit seinem Lämpchen ein; der Spuk verschwindet
alsbald.

HANS.

Was giebt's?

WIRTH.

Der Sack! Der Sack! Der Sack!
Au weh! Au weh! Au weh!

HANS
(erstaunt).

Der Sack! was that er denn Dir?

WIRTH
(winselnd).

Es spukt drinnen!

HANS.

Ei! Ei! Zum Stehlen kam der Herr Wirth?

WIRTH
(weinerlich).

Ja!

HANS.

Wie ehrlich!
(Er packt den Wirth und schleppt ihn zu dessen Thüre.)

HANS.

Schlaf wohl!

WIRTH.

Ja!
Hans schlägt die Thüre zu, nimmt den Sack und geht ab.

FÜNFTE SCENE.

Morgengrauen. Durch die Pforte am grossen Thore kommt ein Knecht herein; sieht sich verschlafen um, gähnt; öffnet schliesslich das grosse Thor. In matter Beleuchtung erblickt man eine weite anmuthige Hügellandschaft; im Vordergrund Gesträuche; dahinter ein Teich, in welchem sich die aufgehende Sonne spiegelt. Im Wirthshaus wird es lebhafter: Mägde, darunter Anna, machen sich zu schaffen, um Alles fein säuberlich für das Pfingstfest herzurichten. Die üblichen Birkenbäumchen werden in die Ecken gestellt. Da erklingt vom Dorfe her der Bauerntanz, der allmählich immer stärker vernehmbar wird, bis man schliesslich im Hintergrunde die Musik vorbeiziehen sieht, begleitet von der ganzen Dorfjugend, welche munter tanzend zum Dorfe hinauszieht. Vor dem Wirthshaus wird einen Augenblick eingehalten, um neu Hinzukommende aufzunehmen, unter Anderen den Wirth und Anna, welche sofort beim Erklingen des Walzers die Arbeit fahren liessen, um auch am Fest theilzunehmen.
(Der Wirth sieht bleich und übernächtig aus. Während er in der Wirthsstube herrichtete und zufällig an der Thüre des Hans vorbeikam, ballte er die Faust gegen dieselbe, als wollte er sagen: Wart'! Bürschchen! Dich krieg' ich dran!)
Als die Musik vorbeigezogen ist, und alles wieder leer ist, naht der Bürgermeister mit seinen drei Töchtern.

BÜRGERMEISTER.

Hier sind wir! Halt!
Stillgestanden!

GUNDA.

's ist wahrlich ein Fest!

LENE.

Ein Freier kam!

GUNDA.

Brav, mein liebes Pfingsten.

(Der Bürgermeister sieht an den verschiedenen Eingängen nach ob der Wirth noch zu Haus ist.)

LENE
(zu Gunda).

Gefällt er mir,
Und mag er mich:
Rath' ich Dir:
Tröste Dich!

BÜRGERMEISTER
(zu Luise).

Du gehst 'raus!

LUISE
(zögernd).

Möcht' gern' seh'n!

BÜRGERMEISTER.

Geht Dich nichts an! 'raus!

Luise geht mit enttäuschter Miene nach dem Hintergrunde links zu ab.

BÜRGERMEISTER
(zu Gunda).

Du auch!

GUNDA.

Ich?

BÜRGERMEISTER.

Ja, kommst dran, wenn ich ruf'!

GUNDA
(für sich).

Was das nur wird!
Ich spitz von draussen.

(ab).

BÜRGERMEISTER
(zu Lene).

Also! gelt! Lene!
Zeig' heut', was Du geerbt:
Vernunft von mir!
Leichten Sinn von Ihr!

LENE.

Schwarz, sagst Du, säh' er aus?

BÜRGERMEISTER.

Eben schön nannt' ich ihn nicht.
Vermummung ist's! ein Scherz!
Wer weiss!
Drum, Kind! Verstand!
Mach' mir nicht Schand'!

LENE
(sich setzend).

Käm' er nur schnell!

BÜRGERMEISTER.

Ich hol' ihn zur Stell'! —

Er will zur Thüre rechts gehen. Hans tritt heraus.

BÜRGERMEISTER.

Aha! Da ist er!

LENE
(fährt auf).

Himmel! wer ist das?

BÜRGERMEISTER
(ärgerlich).

Dacht' ich mir's doch!

(Lene kann sich gar nicht fassen.)

LENE.

Ja, um Alles in der Welt!
Wie ist's denn um Den bestellt?

(zum Thor eilend)

Gunda! Komm! Schau!
Wer mich möcht' zur Frau!

BÜRGERMEISTER.

Racker! Lene! Sei gescheit!

(Er steht links, rathlos, halb abgewendet.)

GUNDA
(herbeieilend, ausser sich).

Aber nein! Du lieber Gott!
Treibt der Vater mit uns Spott?

Beide Mädchen stellen sich Hans gegenüber und singen das
folgende Spottlied.

LENE UND GUNDA.

Gegrüsst, Du holder lieblicher Freier!
Wir passten Dir zum Abenteuer?
  Schwarz und braun!
  Wie schön zu schau'n!
  Ein Ritter traun!
  Traut den Frau'n!
  So zierlich der Bart!
  Die Haare so zart!
  Die Nägel, die Hände!
  Schmutz ohne Ende!
  Am Rücken, schaut:
  Eine Bärenhaut!
  Soll'n wir Dich putzen?
  Die Haare Dir stutzen?
  Soll'n wir Dich laden
  Zu quickendem Baden?
  Pfui, Du Unhold!
  Arger Russbold!
  Uns zu gewinnen
  Sich erkühnen:
  Du, Teufel, weisst:
  Das heisse ich: dreist!

BÜRGERMEISTER
(während sie spotten).

Ihr Sakerloter! Hab' ich's nicht erklärt?
Dumme Schnattergänse!
Lasst ihn in Ruh'! Wollt Ihr?
Macht, dass Ihr fortkommt!

Unter schallendem Gelächter laufen sie hinaus, der Vater,
polternd und zankend hinter ihnen her. Hans, in gedrückter
Stimmung, hat sich am Tisch rechts niedergelassen. Den linken
Ellenbogen aufgestützt verbirgt er sein Gesicht mit der (linken)
Hand.

SECHSTE SCENE.

Hans und Luise.

Luise erscheint im Hintergrund. Sie hat das Lachen der
Schwestern, das Zanken des Vaters vernommen; dem letzteren
ruft sie nach; da er nicht erwidert, bleibt sie zögernd stehen.

Luise.

Wohin? Vater! —
Er zürnt und zankt!
Die Schwestern so lustig!
Was gab's?

(Einige Schritte vortretend, erblickt sie Hansens Gestalt
von rückwärts.)

Ei! Der dort!
Ja, der sieht aber auch drollig aus!
Fast muss ich lachen!
Nein! schau nur! so was!

Sie sieht ihn näher an und gewahrt, wie ihm eine Thräne
über die Wange herabrollt.

Luise
(leise).

Eine Thräne fliesst ihm aus dem Auge!
Einen weinenden Mann,
Das traf ich noch nie!
Seh' ich solche Trübsal,
Vergeht mir das Lachen;

(ans Herz greifend)

Fühl' so was hier! Das schmerzt! —
Der Arme!
Was mag's mit ihm nur haben?

(Sie wendet sich schüchtern an Hans.)

Fremder Mann, bist nicht heiter;
Drückt ein Kummer?

(Hans ist abgewandt.)

Du schweigst?
Kränkt' ich Dich, dass leis' ich lachte?
Sei nicht bös!
Verzeih's auch den Schwestern!
Die sind so kindisch!
Lachen oft, und wissen nicht warum!
Ist's wohl das? Nein?
So ist's was Andres!
Wär's wahr, was der Vater
Heimlich uns sagte?
Warum Du so schwarz,
Dess sei ein Gelübde schuld?

HANS
(ohne Luise anzusehen).

Lass geh'n! Frag' mich nicht aus.

LUISE.

Soll ich nicht es wissen,
Einer muss es erfahren!
Oder bist Du zum Schweigen
Ewig gezwungen?
Ist's ein Gelübde,
Wird es 'mal enden,
Du freitest um die Schwestern;
Sollte das Dir Hülfe spenden?

HANS
(kaum sie ansehend).

Kind bist Du;
Verstündest mich nicht.

LUISE.

Du bekennst da selbst,
Man könnte Dir helfen.
Hast Du denn 'was Böses gethan?
   Nein? — — — —
Siehst Du immer so aus?
   Nicht?
So wär's eine Verzauberung;
Eine Hexe hat Dich verwünscht!
Da giebt's ein Sprüchlein,
Ein Zauberwort!
Und Du wärst erlöst!

HANS.

Wohl gäb's was!

LUISE.

So sprich doch! Sag'!
Wär's ein Kraut? Das thut oft Wunder.
Im Walde wohnt ein Weib,
Eine Stunde von hier;
Sie braut und kocht
In stürmischen Nächten.
Weissagen kann sie;
Für alles schafft sie Rath;
Gingst Du nicht zu ihr?

(Da Hans schweigt, wird sie ungeduldig.)

So sprich doch! Mein!
Wie kann man nur so unwirsch sein!

HANS

(zu Luise aufsehend).

Wie klingt das anders
Aus des Kindes Munde!
Engelsflügel
Durchrauschen die Luft!

Könnt' ich's hoffen!
Dürft' ich's glauben!
Wollte der Himmel
Ein Wunder wirken!
Meint es der Güt'ge
Mit mir nicht schlimm?

LUISE.

Sprich doch! werd' sonst bös'!
Heiss' nicht umsonst das Trotzluisel.

HANS.

Ja! Kind; es ist ein Bann,
Der mich gefangen hält,
Von dem auf dieser Welt
Nur Eins mich befreien kann.

Hans ist in den Anblick seines Ringes verloren; Luise beobachtet ihn mit theilnehmendem Staunen.

Sieh hier diesen Ring;
In zwei ist er getheilt;
Gäb' ich die Hälfte Dir,
Trügst Du sie drei Jahre,
Dass das Gold nicht blich':
Von mir der Bann dann wich.

LUISE
(leise).

Sonst nichts? Das soll schwer sein?
Du drolliger Kauz:
Darum siehst Du so finster drein?

HANS
(streng).

's ist schwer! Achtsam hör:
Bleicht das Gold: vergassest Du mich.

LUISE
(scherzend).

Wie sollt' ich den Russigen je vergessen.

HANS.

Nicht gescherzt! Kein Spass!

LUISE.

Willst mir Angst machen?

HANS.

Ja, das will ich!

LUISE.

Haha! Das glückte Dir nicht leicht!
Sag' mir besser, worum ich frag':
Darf man am Bändchen um den Hals ihn hängen?

HANS.

Das darfst Du.

LUISE.

So trüg man ihn drei Jahre;
Dann wärst Du?

HANS.

Wie sonst ich war.

LUISE.

Und während der Zeit
Soll Dein ich gedenken?
Wie oft? Alle Tag'?

HANS
(lächelt).

Wie Dir's beliebt.

LUISE.

Soll ich ein wenig beten?

HANS.

Wie Dir's um's Herz.

LUISE.

Hülf' es nicht?

HANS.

Gewisslich! Doch!

LUISE
(lebhaft).

Hei Du! Gieb ihn her!
Du zögerst? Misstrauen?
Kennst das Luisel schlecht!
Gieb ihn! sei gut! —
Eigensinn! Wenn Du nicht magst,
Will ich!
(sie entreisst ihm den Ring)
Sieh her! Ich hab' ihn!

HANS
(fährt heftig auf).

Lass ihn! Gieb ihn zurück!
Ich fleh Dich, Kind!
Thu's nicht! Lass gehn!
Du weisst nicht, was Dir droht!
Bleicht der Ring, ist's um mich und Dich geschehn!

LUISE
(mit ruhiger Bestimmtheit).

Mir bangt es nicht!
Ich wahr' ihn wohl!
Er soll nicht bleichen,
Eh' drei Jahre nicht verstreichen!

Sie nimmt ein Band, das sie um den Hals trägt; fädelt daran
den Ring, hängt es sich um, birgt es jedoch unter dem Mieder.

HANS

(in gerührter Entzücktheit).

Himmel, dem mein Dank
Aus tiefster Seele erklingt,
Gieb, dass ohne Wank
Sie das Heil mir erringt.

— · — —

SIEBENTE SCENE.

Vom Dorf her vernimmt man lautes Stimmengewirr, das
immer näher dringt. Hans fährt wie aus einem Traume auf.
Luise weicht scheu zur Seite nach links.

BAUERN

(hinter der Scene).

Wo ist er? Sucht ihn!

WIRTH

(im Hintergrund, den Bauern zurufend).

Da steht er! Seht!

BAUERN

(hereinstürmend).

Ha! Kriegen wir Dich!
Vermaledeiter Teufelssohn!
Kerl! Kommst uns nicht aus;
Sag', wer bist Du! Sprich!
Mit Dir ist's nicht sauber!

Die Bauern, mit Dreschflegeln und Knütteln ausgerüstet,
haben links in einem Halbkreis, Hans gegenüber Stellung ge-
nommen. Hans (mit dem Rücken gegen den Zuschauer) steht
ruhig und fest. Wutherfüllt, dass ein Zauberer ihr Dorf verhext,
wollen sie ihn zwingen, sich zu rechtfertigen, widrigenfalls sie
ihm mit Todtschlag drohen.

WIRTH.

Jetzt freu' Dich! Bursch'!

HANS.

Was wollt Ihr denn mit Eurer Wuth?

BAUERN
(in wüstem Durcheinander).

Bist nicht verrückt, wie Du Dich gestellt
's war Verstellung; bist durchschaut!
Hältst Du es mit dem Satan?

HANS
(schweigt).

WIRTH
(feig sich zwischen den Bauern haltend, um nicht etwa von
Hans gepackt werden zu können).

Seht Ihr's! Er schweigt!

BAUERN.

Sprich! Uns musst Du Rede stehn!
Nochmals fragen wir Dich!
Bist Du dem Teufel verschworen?

HANS
(gelassen).

Wie kommt Euch diese Frage?

BAUERN.

Der Sack! was ist's mit dem Sack!
Der Wirth hat's uns erzählt.

HANS
(lächelnd).

Ja so! Der Sack!
(zum Wirth)

Da sieh nur! so ein schäbiger Spitzbub'!
Mit nächtlichem Diebstahl wird auch noch geprahlt?

BAUERN

(sehen sich erstaunt an).

Was? Diebstahl?

WIRTH

(frech lachend).

Haha! Stehlen? Ich?
Dich zu entlarven schlich ich herein.

HANS.

Du saubrer Nickel-Schuft!
Was hast Du denn gebabbelt,
Als am Boden Du gezappelt?

WIRTH.

Wie? Ich?

HANS.

Dass er gestohlen, winselnd gab er's zu!

WIRTH.

Der Unsinn!
Woher wollt' ich nur wissen, dass drinnen Geld?

Hans rückt dem Wirth allmählich näher zu Leib. Dieser
sucht Deckung bei den Bauern.

HANS.

Aber die sechzig Gulden!
Die hat er doch gewiss?

Der Wirth, seiner Sache nicht sicher, wird immer zappeliger.

BAUERN

(argwöhnisch gegen den Wirth).

Sechzig Gulden? Sag! Wirth!

HANS.

Bin ich dem Teufel verschrieben:
So ist es Teufelsgeld.

Das hasst ein ehrlicher Wirth!
Drum fort mit dem Gold!

WIRTH.

Ich hab' doch nicht! — —

HANS.

Zaudert Er?

BAUERN
(auf den Wirth eindringend).

Empfingst Du Geld, so wirf es fort.
Wirst doch Teufels-Gold nicht nehmen!
Pfui! Wirth! Weg damit!

WIRTH.

Ich hab's ja nicht, nein!
's ist nicht wahr! Ich gab's ihm zurück!
Als wollt' ich dem sein Geld!

HANS.

Haha! Das Gold:
    Wie hold!
Pfui, ist es ja aus dem Sack!
Du niederträchtiger Kerl! Halunk!

Hans will sich auf den Wirth stürzen; dieser in äusserster Angst, greift in die Tasche und wirft das Geld auf den Boden. Von der Stelle, wohin es gefallen ist, schlägt eine helle Flamme empor.

WIRTH
(schreiend).

Da! in des Teufels Namen!

BAUERN
(stehen erstarrt da).

Ha! Saht Ihr's?
Schlagt ihn tot!

Sie wollen auf Hans losstürmen. Luise hat mit ängstlicher Theilnahme dem wachsenden Streite zugehört. Jetzt, da sie

gewahrt, dass das Leben des armen Russigen bedroht ist, schreit
sie mit äusserster Kraft um Hülfe, damit sie von draussen Bei-
stand gegen die wüthenden Bauern erlangt.

LUISE.

Hülfe! Hülfe! Sie schlagen ihn tot!

(sie stemmt sich gegen einen der älteren Bauern um ihn
zurückzuhalten)

Lasst ab! Gebt ihn frei!

Die Bauern halten einen Augenblick ein.

EIN ÄLTERER BAUER.

Ei! Bürgermeisters Luisel!
Du hier? Da schau 'mal her!
Gleich geh nach Haus!
Sonst sag' ich's dem Vater, wo Du herumstreunst!

LUISE

(trotzig).

Ich geh' schon heim!
Sei unbesorgt!
Doch erst lasst Ihr Den da ziehn!
Schämt Euch, Bauern! Ewig das Gerauf!
Selbst das Pfingstfest ist Euch nicht heilig!

AELTERER BAUER.

Wie kommst denn Du mir vor?

(fast lachend)

Du kleines Mädel Du?
Für Gauner und Gaukler macht sie den Anwalt!
Das glückt Dir schlecht.
Das Früchtlein muss büssen!

(laut drohend)

Mit Teufelei lassen wir
Unser Dorf nicht verpesten.

EIN JUNGER BAUER

(tritt nah zu ihm und ruft ihm höhnisch halblaut in's Ohr, so
dass Luise und die Andern es hören müssen).

Du! schenken wir ihn ihr,
Vielleicht ist's ihr Schatz!

Die Bauern lachen.

LUISE
(heftig).

Spottet nur zu! Wer weiss!
Am End! Und wenn dem so ist,
So will ich, dass Ihr ihn gehen lasst.

BAUERN.

Sahst Du die Flamme nicht?

LUISE
(mit äusserster Kraft).

Die Flamme log! —
Ich weiss es besser.
Das schwör' ich beim Himmel!
Der Arme ist ein guter Mann.

Das Auftreten des jungen Mädchens hat die Bauern in Erstaunen versetzt. Sie sehen sich verwundert an, wagen aber
nicht mehr, gegen Hans vorzugehen.

LUISE
(an Hans sich wendend).

Fremder, zieh ruhig Deines Weg's!
(zu den Bauern)
Und dass Keiner ihm 'was zu Leid thut!

Hans wendet sich zum Gehen.

Der Vorhang fällt.

DRITTER AKT.

ERSTE SCENE.

Wilder Tannenwald, dazwischen Felsblöcke, einzelne Buchen und Eichen. Vorn links ein Quell mit Wassertümpel und Schilf. Auf einem Rasenhügel, welcher sich dicht hinter dem Tümpel anschliesst, liegt in tiefem Schlaf Hans Kraft. Auf einem Stein (vorn links) am Quell kauert der Teufel. In der Hand hält er die Sanduhr, die er unverwandt betrachtet. Die kleinen Teufelchen (wie im 1. Akt) sind emsig beschäftigt, Hans schön säuberlich herzurichten. Die Einen schneiden Haare und Bart; andere die Nägel, wieder andere waschen ihn, ziehen ihm einen schmucken Anzug an. Es herrscht ameisenartige Thätigkeit. — Erstes Morgengrauen.

TEUFEL

(leise).

Vorwärts! Treib' ich Euch! — —

(für sich)

Noch ein Weilchen und es ist um!
Sauber geschmückt geb' ich ihn frei.

(dicht an Hans mit verhaltener Wuth)

Frei? Bürschchen, glaubst Du das?

(die Faust nach oben ballend)

Frei?
Meint Ihr da droben,
Ich gönn' Euch den Spass?
Dass ich erlieg',
Euer der Sieg?
Und Er Euch lobte,
Dass ich der Gefoppte?
So dumm dünkt Euch der Teufel?

(ingrimmig, nicht zu laut)

Nein! Nein!
Noch geht's! Noch giebt's ein Mittel:
Freundchen! Du verlierst den Ring!
Die Treue, die sie hält,

6*

Träumend brichst Du sie!
Sein Arm hängt herab;
Bald netzt die Hand der Wasserspiegel:
Auf denn! Das Letzte sei gewagt.

(zu den Teufelchen)

Träufelt, Teufel, vom Saft ihm ein!

(in den Quell hinabrufend)

Hehe! Hehe!
Froschfreundlicher Tümpelgevatter!
Vetter Du von Ehedem!
Jetzt taugt's! Jetzt frommt's!

(drohend)

Halt Dein Wort! Du gelobtest Hülfe!
Sonst weh' Dir! pass' auf!
Ich heiz' Dir die Füsse, dass Du verbrühst!

(schmeichelnd)

Braver Alter! Bist Du bereit?
's ist Zeit. Noch schläft er fest!
Herauf Deine lieblichsten Mädel!
Die leckersten, lockersten! locke herauf!
Ein golden Geschmeid'
Ein Freier Euch beut.
Herbei! herauf! herauf! herbei!

Aus der Tiefe des Quells leuchtet es grünlich herauf; rosige Gestalten werden allmählich erkennbar.

TEUFEL

(lüstern).

Ha! Rosig und smaragden
Dämmert's im Quell!
Hui! Die lüsternen Dinger!

Wassernixen steigen herauf, die schmeichelnd sich an Hans herandrängen, ihn sanft umschlingen und küssen, um schliesslich nach dem Ring an seiner Hand zu greifen.

TEUFEL.

Die säumen nicht lang!
Du, Blonde, bist die Schönste,

Umschling' ihn! Küss' den Mund ihm.
Brav! So ist's recht.

NIXENCHOR.

Jüngling, traut und fein,
Gieb uns Dein Ringelein!

TEUFEL.

Hei! Wie thut es ihm wohl!
Ihm schwillt die Brust!
Tiefathmend saugt er Lust.
Die Hand dort! Greif' zu!
Schnell doch, eh' er erwacht!
He, Braune! Hast Du ihn?

(Das Erwachen des Hans befürchtend, wird er immer wilder.)

Greif' zu! Greif' zu!
Ein Ruck! Ein Ruck!
Dumme Gans!
Verflucht! Verdammt! Verloren!

HANS
(heftig erwachend).

Mein Ring!

Der Zauber verschwindet, die Teufelchen flüchten in die Felsenklüfte.

TEUFEL
(mit gleichgültigem Ton).

Böse Träume?

HANS
(starr dastehend, leise).

Mein Ring!

Die Sonne geht golden auf.

HANS
(entzückt seinen Ring betrachtend).

Ja! Du glänzest hellumstrahlt
Vom Morgen-Sonnen-Schein!

(Er küsst den Ring.)

TEUFEL
(liebenswürdig und gelassen).

Ja! Ich sag's, ein schöner Morgen
Ist doch ein erquicklich Ding:
Lustig wie ein junger Fink,
Wirft man von sich alle Sorgen.

HANS
(trällert verächtlich die Teufelsmelodie nach).

Ja! Ein schöner Morgen! für mich!
Mosje Pferdefuss! Meister Niedertracht!
   Altes Scheusal! —
Drei Jahre sind verronnen!
Die Wette ist gewonnen!
Erfüll', was ich begehr'!

TEUFEL.

Zu Diensten!

HANS.

Zum Ersten: ich sei, wie ich war!

TEUFEL
(schelmisch).

Beguck' Er sich doch!
.

HANS
(freudig überrascht).

Wie! was seh' ich!
Hei, wie fein!
Alles rein!
Nägel und Ohren!
Haare geschoren!
Brav, schwarzer Gauner,
Das hast Du gut gemacht! —

Zum Zweiten will ich den Sack,
Doch frei von Geld und Spuk!

Der Teufel entzaubert den Sack durch drollige Gestikulationen.
Hans steckt denselben an seinen Gurt.

HANS.

Und zum Dritten, höre Du!
Lass mir künftig meine Ruh'!

TEUFEL.

Weiter nichts? Bescheidenheit!
Einst hast Du's anders prophezeit.

HANS.

Dass ich Dich los werd',
Bin ich so selig;
Billig drum wähl' ich,
Nur, was mir frommt!

(will abgehen).

TEUFEL
(neckisch nachrufend).

Und die Bärenhaut?

HANS.

Was kümmert mich die?

TEUFEL
(pfiffig).

Erkanntest Du sie nicht?
(mit gekünstelter Kindlichkeit)
Im Walde schlief ein Jüngling ein;
Er lag auf einem Fell;
Das zog er einst einem Bären ab;
Es war ein grimmer Gesell!

Die Nacht brach an; er wachte auf,
Und heimwärts rannt' er schnell:
Was er erlegt so stramm und kühn,
Er vergass es an selbiger Stell'!

HANS

(lächelnd).

Ach! Das ist's! Und Du nahmst es mit?

(Der Teufel nickt zu.)

HANS.

Stehlen ist jetzt recht beliebt!
Nun denn! Es sei Ihm geschenkt,
Dass dabei er mein gedenkt!
Kraftlich mahn' es Ihn daran,
Dass auch ein Teufel irren kann,
Und er künftig bass beschaut:
Wem die Kessel er vertraut'!
Ade! Teufel! Ade! Ade!
Zu meiner Braut zieh' ich lachend hin.

Hans eilt davon; der Teufel hat das Nachsehen; die kleinen
Teufelchen lugen aus den Felsenspalten heraus und winken dem
dahineilenden Hans lustig nach.

Ein Zwischenvorhang fällt. Orchesterzwischenspiel.

— ——

ZWEITE SCENE.

DER FREMDE. HANS.

Der Vorhang theilt sich schnell; es ist Nacht; ein Wolken-
schleier verhüllt die ganze Bühne. Auf die Gestalt des Fremden
fällt der Mondstrahl. Hans Kraft will vorbeiwandern, als ihm
der Fremde entgegentritt.

DER FREMDE.

Wohin eilst Du? sag'?

HANS.

Zur liebsten Maid!

DER FREMDE.

Doch ich weis' Dich eines andern Pfad's:
Zur Plassenburg lauf'!
Eil', was Du kannst!
Rette die Feste!
Es lauert der Feind.
Noch eine Stund',
Und sie ist verloren!
Poch' an's Thor! weck' die Säumer!
Treib' die Träumer! rüttel' sie 'raus!
Dir zu Ruhmesthat
Verhilft Dir heut' mein Rath!

HANS.

Dünkt mich fast, als kennt ich diesen Mann!
Die Stimme hörte ich schon!

DER FREMDE.

Der einst zum Spiel Dich verleitet,
Prüfend, ob Dein Muth erliegt;
Der die Falle Dir bereitet,
Und beim Würfeln Dich besiegt:
Heut', wo Dein Leid zu Ende,
Acht' auf des Fremden Wort!
Heut' nimm als Gegenspende
Meines Rathes Segenshort!
(das Mondlicht nimmt ab)
Gehorche mir! Eil' zur Wehr!
Auf Erden siehst Du mich nicht mehr.

(Es ist dunkel.)

DRITTE SCENE.

Die Nebel zertheilen sich; fahle Morgengrauenbeleuchtung. Den vorderen Teil der Bühne nimmt der Garten des Bürgermeisters ein; rechts sein Haus, zu dessen Eingang ein paar Stufen führen; davor eine Cisterne. Links blühende Apfel-, Kirsch- und Birnbäume. Ein Holzzaun trennt den Garten von der Landstrasse, welche sich dem Hintergrunde zu nach dem Thal hinabzieht. Pappelbäume schmücken dieselbe. Der Hintergrund zeigt in nicht zu grosser Entfernung die Plassenburg, von ihrer Südseite. Noch durch die Nebel hindurch erblickt man die Bauern, welche in grösster Erregung wirr durcheinander laufen. Sie suchen im Thal etwas zu erkennen, da von dort dumpfes Geräusch erklingt: Waffenklirren, Trommelwirbel, Signale. Die Frauen und Mädchen (mit den Bürgermeisters-Töchtern) verbleiben mehr im Vordergrund, während die Männer vom Hintergrund aus jenen zurufen.

Allmählich (bis zum Einzug des Oberst Muffel) wird es Tag, so dass man erst spät die Anmuth des frühjährlich blühenden einfachen Gärtchens geniesst.

DIE MÄNNER UND FRAUEN
(durcheinander).

Hört Ihr den Donner?
Was wettert im Thal?
Der Feind ist's wieder!
Wer? wer ist's?
Näher an die Burg heran
Stürmt der Feind.
Verfluchte Rotte!
Könnt Ihr erkennen?
Sie stürmen zur Burg!

MÄNNER.

Des Wallenstein's wüste Horden!

FRAUEN.

Weh'! armes Land!
Was soll'n wir noch erdulden!

BÜRGERMEISTER.

Euch brauchen wir grad'!

MÄNNER.

Miserables Pack!

FRAUEN.

Sie morden gewiss und sengen!

MÄNNER.

Hiess es doch, sie sei'n schon fort!
Immer näher wälzt sich's dort zum Buchenwald!

EINZELNER.

Alle Wetter! mein Weizenfeld!

FRAUEN.

Sie stürmen unsre Burg!

MÄNNER.

Wie die Heuschrecken
Zieht's die Wolfskehl' hinauf!
Vermaledeite Frevlerbande!
Und oben alles tot!
Keinen Laut vernimmt man!
's war gestern Fest,
Sind sie gar bezecht!

FRAUEN.

Alles stumm! Sie sind verloren!

LENE UND GUNDA.

Könnt' sie Einer wecken!

FRAUEN.

Wagt es Keiner?

BÜRGERMEISTER.

Das sind mir saubre Posten!

FRAUEN
(falten die Hände zum Beten).

Herr! Unser Gott! Erhör' unser Beten!
Rette die Burg! rett' unser armes Land!

MÄNNER.

Die sind verloren:
Sie stürmen!

FRAUEN.

Erbarme Dich! Herr!

MÄNNER.

Will Keiner sich regen?

FRAUEN.

Könnte Einer in der Burg
Die Schläfer wecken!

(Im Orchester erklingt das Motiv des Hans Kraft.)
Fanfaren in der Burg, erst vereinzelt, dann mehrere, erklingen.

DIE MÄNNER UND FRAUEN.

Hört! Hört! sie wachen!
Heil uns!

MÄNNER.

Hört! die Trompeten schmettern!

ALLE.

O Himmelssegen!

MÄNNER.

Immer lauter schallt's!

ALLE.

Gott gieb uns Sieg!

MÄNNER.

Sie stürmen zur Mauer!
Sie feuern fest herab!

FRAUEN.

Glück und Heil!
Weicht der Feind zurück?

MÄNNER.

Juchhe! wie's kracht und wettert!

FRAUEN.

Erkennt Ihr wen?

MÄNNER.

Seht dort im Thal? Wer ist Der?

EINZELNER.

Der Künsberg ist's hoch zu Ross!

FRAUEN.

Hilf, o Herr!

BÜRGERMEISTER.

Doch neben ihm?

EINZELNER.

Den kenn' ich nicht;
Von den Muffel'schen ist's Keiner.

ANDERE.

Seht! Seht! es schwankt!

FRAUEN.

Bei den Unsern?

MÄNNER.

Nein!

(Ein Kriegsmarsch erklingt aus dem Thal.)

MÄNNER.

Der Muffel sprengt dort heran.

ALLE.

Hoch unser wackrer Oberst!

MÄNNER.

Schaut! wie der dreinschlägt!

ALLE.

s' ist, als schwäng' Sankt Michael sein Schwert.

MÄNNER.

Ein Signal! sie weichen.

FRAUEN.

Weh! die Unsrigen?

MÄNNER.

Nein! der Feind!

ALLE.

Herr unser Gott!
Wir preisen Deine grosse Gnade!

MÄNNER.

Dort rennt Einer her!
Der Wild's Kaspar ist's!

BÜRGERMEISTER.

Herauf, Herr Wachtmeister!

KASPAR WILD

(stürzt athemlos, vom Thal kommend, herein).

Sieg! Sieg! Gottlob Sieg!

ALLE.

Sprich! Erzähl'! was war's?

KASPAR WILD

(setzt sich vorn links, schnaufend und den Schweiss abwischend).

Lasst mich nur erst verschnaufen!

Die Bauern bilden einen Halbkreis um ihn.

KASPAR WILD.

Herrje! diesmal ward uns heiss!
Hört, wie's kam!
Sorglos schliefen wir alle,
Vom Oberst bis zum Trommler. —
Was gab's denn zu fürchten;
Der Wallenstein war ja fort!
(So hiess es!)
Selbst wir drei am Posten
Nickten redlich ein!
Plötzlich pocht's am Untern Thor:
     „Macht auf, macht auf!" so rief's;
     „Gefahr! Noth! wacht auf!"
     „Der Friedländer stürmt!"
Himmel! alle Wetter! schnellen wir auf!
Alles geweckt! den Muffel! den Künsberg!
Vor an die Mauer! Herr des Erbarmens!
Noch ein Weilchen! Und wir war'n verloren!
Da bricht's aber los! Hui die Kartätschen!
Es hagelt kreuz und quer,
Und mit den Kompagnien
Der Künsberg sprengt hinaus!
Ihm zur Seite, wie ein Löwe,

Stürzt sich in's Gewühl,
Der uns Schläfer grad' geweckt:
Hans Kraft! ihn kannt' ich wieder,
Der vor Jahren hier gedient:
Zum strammen Mann herangewachsen,
Ein Raufer, wie's den Herrgott freut!
Hei! in der Wolfskehl'
Drosseln wir dem Wolf die Kehl'!
Auf einmal: (hat die Katz' miaut, hat der Hahn
                                        gekräht?)
Zum Rückzug bläst der Feind!

CHOR.

Juchhe! Und unser ward der Sieg.

KASPAR WILD.

Jaja! wär' der Kraft nicht 'kummen,
Thäten wir jetzt anders brummen:
Ich sag' nur: was wär geschehn?
Den Oberst wurmt es sehr,
Er schämt sich der Affair';
Den Kraft will er belohnen,
So reichlich er vermag:
Den „Retter der Christianin",
So hiess er ihn vor Allen;
Und nicht für ihn allein:
Für Kind und Kindeskinder
Soll fein gesorget sein.
Zum Markgrafen führt er ihn,
Nach Bayreuth soll er mit,
Den Spanier dort zu zücht'gen,
Den falschen Welsch-Marquis!

FRAUEN.

Und wo ist der Hans Kraft?

KASPAR WILD.

Das eben ist die Geschicht':
Noch ritt er neben dem Künsberg her;
Ich wend' mich um: fort war er!

EIN JUNGER BAUER
(im Hintergrund).

Der Oberst! seht!
Sie ziehn herauf!

Alle eilen dem Hintergrund zu. Durchzug der Muffel'schen
Compagnien.

ALLE.

Hoch lebe unser Oberst!
Er lebe hoch!
Der den Feind besiegt!

Am Ende des Zuges reitet Oberst Muffel heran, ihm zur
Seite der Freiherr von Künsberg. Der Oberst ist sichtlich übel
gelaunt; wie er den Wachtmeister Wild gewahrt, lässt er halten
und schnauzt ihn grob an, nachdem er zuvor dem ihm lästig
werdenden Gejubel der Bauern gewehrt hat.
(Das Ganze spielt sich auf der Landstrasse ab.)

OBERST
(zu den Bauern).

Schon gut! schon gut!
So glorreich ist mir's nicht zu Muth.
(zu Kaspar Wild)
Was nur Der hier wieder schafft?

KASPAR WILD.

Auf des Herrn Obersten Befehl such' ich den
Hans Kraft.

OBERST MUFFEL
(zu den Bauern).

Jubelt lieber dem Burschen zu,
Ihm verdankt Ihr den Sieg.

7

Potz Blitz:

(vorwurfsvoll gegen Kaspar Wild)

Ein Dutzend solcher Hansen
Frommt uns bass beim Schanzen!
Seh' Er sich gehörig nach ihm um!
Marsch!

Die Truppen ziehen nach rechts ab.

Die Bauern sehen sich erstaunt und enttäuscht an; Kaspar Wild macht dieser gedrückten Stimmung ein Ende, indem er dem abziehenden Oberst dreist nachruft:

KASPAR WILD.

Zieh' ab mit Deiner Laun'!
Uns verdirbst Du nicht das Fest!
Denn wir! wir feiern mit Hopfensaft
Unsern wackern Johannes Kraft!

DER WIRTH UND DIE BAUERN.

Recht so! So recht! Kommt! Kommt!

Die Bauern machen sich zum Wirthshaus auf.

Der Wirth, Anna und der Pfarrer sind während dem Einzug der Truppen mit auf die Bühne gekommen.

KASPAR WILD

(zum Bürgermeister, während er Lene und Gunda auffordert, sich bei ihm einzuhängen).

Mit Verlaub?

Im Abgehen begriffen rufen die Schwestern hämisch zu Luise, welche nicht erwidert.

LENE UND GUNDA.

Häng' Dich doch ein!

BÜRGERMEISTER
(zu Luise).

Komm' mit!
Magst nicht?

Pfui! So ungehorsam!
Dem lieben Vater nichts wie Trotz!

BÜRGERMEISTER.

Geht voran!

(Die Bühne hat sich fast geleert.)

Lene und Gunda gehen nur zum Schein ab; sie bleiben im
Hintergrunde halb versteckt stehen, um zu lauschen. Kaspar
Wild hat sich wieder losgemacht und ist vorangegangen.

BÜRGERMEISTER
(mit verhaltenem Zorn).

Kind! Hör'! ich sag' Dir!
Mit der Geduld hat's auch einmal ein End'!
Das Gethu' hab' ich nachgrad' satt!
Doch ist es bald vorbei:
Eine Woche noch und Dich kriegt der Veit!

LUISE.

Vater!

BÜRGERMEISTER.

Nicht weinen! Sakerlot!
Luisel! Mädel! Sei gescheit!
Ich mein' es ja gut!
(vertraulich)
Magst Du ihn halt gar nicht?

LUISE
(verneint).

BÜRGERMEISTER
(ernst).

Dass Dir nur nichts Dummes durch den Kopf
nicht geht!

LENE UND GUNDA.

Es war einmal ein schwarzer Mann!

LUISE
(heftig).

Hört auf!

LENE UND GUNDA
(lachend ab).

Die Wuth!

BÜRGERMEISTER.

Lasst sie in Frieden!
(zu Luise).

Komm!

LUISE.

Lass mich hier!

BÜRGERMEISTER.

Eigensinn!
(ärgerlich ab).

Luise blickt dem Vater nachdenklich nach.

VIERTE SCENE.

Luise (allein); später Hans.

LUISE.

Guter Vater, ich fühl' Dir's nach:
Dein Luisel bringt Dir Ungemach!
Wollt' ich's ihm sagen,
Ich macht' es noch ärger;
Thät' ich ihm klagen,
Er grollte nur stärker! —
Wiess ich doch selber kaum,
Was es mit mir hat!

Im Wachen wie im Traum
Des Russ'gen Bild mir naht!
Das Auge, wie vom Reh,
Ich fühl's noch auf mir ruh'n!
Das that mir hier so weh!
Konnt's nimmermehr verthun!

(Sie setzt sich links auf die Bank.)

Ach, die Zeit ist vorüber,
Und mein Hoffen wird trüber;
Doch so lang' das Ringlein glüht:
Sorg' und Furcht nicht mich mült!
Vielleicht irrt er im Wald umher,
Scheu, bis die Sonne sich neige;
Den Weg erkundet er schwer
Durch struppig Geäst und Gezweige!
O! dass er ihn fänd'!
Der arme Mann;
Es hätte ein End'
Sein trauriger Bann!

(die Hände zum Beten faltend)

Ihr Engel im Himmel,
Wächter der Irrenden!
Geht zum Vater!
Lasst ihn Euch senden
Zum armen Verbannten!
Schützt seinen Leib!
Bewahrt ihn vor Noth!
Sagt ihm, ich harrte sein in Treu'n
Von Zaubers-Gewalt ihn zu befrei'n! — —

Hans Kraft erscheint im Hintergrund; er sieht sich um, erkennt den Ort, bleibt längere Zeit an den Gartenzaun gelehnt
stehen, ohne Luise zu sehen.

LUISE.

Ihr trauten Schutzengel
Erhört meine Bitte!
Geht zum Vater!
Lasst ihn Euch senden,

Das Leid zu enden,
Zum traurigsten Mann. —

HANS.

Hier ist's! Hier finde ich sie wieder
Die himmlisch hehre Maid!
Welch wonniger Schauer rieselt
So freudig bang mir durch die Glieder!
Ja! Amsel! Du dort oben!
Lass es hold ertönen,
Was Beide uns durchzückt:
Das süsse Liebessehnen!
Klage nicht! Du darfst nicht weinen!
Freudig sing Dein Lied!
Denn heute soll'n sich einen,
Die Leid so lang, ach! schied! —

(Er sieht sich zaghaft um.)

Wo fänd' ich sie? — wie? dort?
Ist sie es nicht?
Die betend einsam sitzt!
Ja! sie ist es! Wie fass' ich mich!
Soll ich zu ihr reden!
Hans! was ist Dir? was beklemmt Dich so?

Hans wendet sich schüchtern an Luise, welche aufgestanden
ist (aufgescheucht durch das Knarren der Gartenthüre) und dem
Hause zugehen will.

HANS.

Mein Fräulein! Ein Soldat — —

LUISE.

Ihr begehrt?

HANS.

Aus der Schlacht komm' ich;
Eine kleine Verwundung —

LUISE
(besorgt).

Ihr seid verwundet?
Kann ich helfen?

HANS
(auf seinen Arm deutend).

Am Gelenk hier! Ein Linnen thät's.

LUISE
(nach dem Hause gehend).

Ich eil' und hol's.

Auf den Stufen bleibt sie plötzlich wie gebannt stehen; sie
sinnt vor sich hin; sodann verschwindet sie im Hause.

HANS.

Wie rührt sie mich tief!
Im grauen Gewand;
Nicht heiter wie damals,
Das Antlitz trüb gesenkt!
Doch bald wird es anders strahlen,
Dem Glücklichsten auf Erden!

LUISE
(zurückkommend).

Hier! das Zeug!
Soll ich verbinden?

HANS.

Ungeschickt wär' ich!
Ihr bändet mich besser!

LUISE.

Wo ist's?

HANS.

Hier an der Hand.

LUISE.

Das ist nicht arg!
Lobt Gott dafür!
Es konnte schlimmer sein!

HANS.

Ich dank' Euch, liebes Fräulein!
Doch sagt, was schaut Ihr so traurig drein?
Fehlt es wo?

LUISE
(ausweichend).

Fühlt Ihr noch Schmerz?

HANS.

Wohl verging er,
Wüsst' ich, was Euch grämt.

LUISE.

Nichts —

HANS.

Das glaub', wer will! Ihr habt einen Kummer!
Seid allein! Die andern, die jubeln,
Dass unser der Sieg! —
Freut Euch das nicht? — —
(leise)
Ist Euer Liebster im Kampf?
Traf ich's? Wärt Ihr Braut?

LUISE
(zögernd).

Nein!

HANS.

Wollt Ihr's werden?
Luise schweigt.

HANS
(für sich, leidenschaftlich).

Halt' ich mich noch!

LUISE.

Was ist Euch?

HANS
(mit bebender Stimme).

Dass ich den beneide,
Der um Euch freite!

Langes Schweigen. In Luise steigt eine Ahnung auf. —

HANS.

Mich dürstet so!
Gäbst Du mir Wasser?

Luise geht zum Brunnen. füllt den dort stehenden Becher
mit Wasser und kehrt zurück.

HANS.

Trinkst Du mir zu?

LUISE
(lächelnd).

Mit Wasser?

HANS.

Wasser ist heilig!
Wasser ist lauter!
Beid' unsern Kummer
Spül' es hinweg.

Während Luise zum Brunnen ging, hat Hans seinen Ring
vom Finger gestreift; jetzt lässt er denselben unbemerkt in den
Becher fallen.

LUISE
(den Becher nehmend und hineinschauend).

Was glänzt im Wasser golden herauf?
Ein Ring? — Verlor ich den Meinen?

Nein, nein! Ich wahr' ihn!
Himmel! kann ich's glauben?
Wie gleicht er dem Meinen!
Fass' ich's? Ist's kein Trug?
Der Ring! Er ist es!

HANS
(feurig).

Ja! er ist's!
Der Ring, den einst wir getheilt!
Ich bin's, der russ'ge Gesell,
Im zott'gen Bärenfell,
Der im Bann des Bösen lang verirrt
Dein kindlich Herz einst tief gerührt!

Der Ring ist nicht geblichen!
Der Zauber ist gewichen!
Erlöst bin ich und frei!

Heil Dir! Heil Deiner Treu'!

LUISE.

Verwirrt bin ich!
Gott! wie ist mir!
Was pocht so laut mein Herz!

HANS.

Luise! Glaubst Du mir nicht?
Sieh mir ins Auge!

LUISE.

Sein Auge! ja! ich seh' es wieder!
Sein Strahl, er trügt mich nicht!
Das Aug', das traurig fragend
Einst in mich geschaut:
Ich seh' es! ich fühl' es,
Dem ich so freudig vertraut!

HANS.

Trauteste Maid!

LUISE.

Ich glaub' es nicht! und glaub' es doch!

HANS.

Du Närrchen! Zauderst Du noch?
Du süsseste Braut!

LUISE.

Wie? was sagest Du?
Ich Deine Braut?

HANS
(munter).

Ja! Meine holde Braut!
Mein Leben! mein Alles!
Meine Lieb'!
Dem Hans sein minniges Weib!

LUISE
(ganz ausser sich).

Bin ich Deine Braut?

HANS.

Willst Du nicht?

LUISE.

Ja! ich will.
Ich bin Deine treuste Braut!

(Sie stürzt an seine Brust.)

HANS.

O Wonne ohne Gleichen!
Himmlisch hehres Wunder!
Zu Dir zu gelangen!
Dich zu umfangen
Jubelnd will ich's singen
Auf liebesfrohen Schwingen!
Wohl habt Ihr lang gewehrt,
Schicksals böse Mächte!
Den Weg so hart versperrt,
Der zu Dir mich brächte!
Hei, wie zersprengten wir kühn
Die Ketten Eurer Tücke,
Dass Freuden uns erblüh'n
Zu ewigem Liebesglücke!

LUISE.

O könnt' mit vollen Händen
Euch Engeln Dank ich spenden:
   Die mich getröstet,
   Ihn erlöstet!

BEIDE.

Wie hebt sich hoch die Brust
In freudestrahlender Lust!
Wär's nur ein Traum, der mich entzückt,
Würd' ich doch nie seinem Zauber entrückt!

HANS.

Liebst Du mich? holdeste Maid!

LUISE.

Könnt' ich's sagen! Fühl' an's Herz mir!
Wie es klopft! Fühlst Du es nicht?

BEIDE.

Ihr Vöglein da droben!
Lugt und lauscht!

LUISE.

Ihr Halme und Gräser,
Die meine Thränen benetzt,
Fühlt es mit,
Was die Brust erfüllt!

HANS.

Haha! seid Ihr neidisch!
Kleine Gesellen!
Denn der Hans, der freite
Die schönste Maid!
Die schönste! Die liebste!
Die beste! von Allen!

LUISE.

Hört es, ihr Knospen,
Singt und frohlockt!

BEIDE.

Oeffnet weit die Kelche
Der Sonne freudig zu.
Seht, wie sie scheint!
Wie sie lacht!
Wie sie leuchtend
Jed' Leid in Freude verwandelnd
Den fahlen Nebel kühn zerreisst:
Sie hat gesiegt!
Und jubelnd sing' ich
Unsrer Liebe seligsten Preis!

(Sie umarmen sich feurig.)

LETZTE SCENE.

Kaspar Wild
(mit einem Bauern im Gespräch, kommt zufällig des Weges; er
sieht das küssende Paar).

Oho! Was küsst sich denn da?
Hehe!

(erkennt den Hans Kraft)

Alle Wetter! Elemente!
Da ist er ja! der Kraft's Hans!

Luise und Hans fahren auseinander.

Kaspar Wild
(in's Dorf rufend).

Her! Bauern! kommt her!
Seht ihn! der heut' früh uns herausgepocht!

Luise
(besorgt zu Hans).

Was will Der? sag'! von Dir?
Kennt er Dich?

Hans.

Gewiss! ich hab' heut' früh ihn geweckt!

Luise.

Wie? bist Du der Hans Kraft?

Hans.

Der bin ich?

Luise.

Auch das noch!

Bauern
(zuerst hinter der Scene, dann herbeieilend).

Wo? wo ist er?
Ha! Dort! Der?

Hans wird jubelnd begrüsst; Alles drängt sich um ihn, um
seine That zu loben und ihn zu beglückwünschen.

KASPAR WILD
(ihm herzlich die Hand drückend).

Du mein Prachtbursch'!
Zum Oberst Muffel bring' ich Dich,
Der ist vor Dank ganz ausser sich!
Mein Vorgesetzter wirst Du!

CHOR.

Der Herrgott soll Dir's lohnen!
Du wackrer muth'ger Bursch'!

BÜRGERMEISTER
(auf Luise barsch zueilend).

Luise! was machst Du hier?
Was kümmert Dich der Fremde?

HANS
(sich umwendend).

Verzeiht! 's ist meine Braut!
(Allgemeine Verwunderung.)

BÜRGERMEISTER.

Seine Braut? Luise?

CHOR.

Woher kennst Du Den?
Wie? seine Braut Du?

WIRTH
(eilt herbei, schwänzelt schmeichelnd vor Hans herum).

Feiern woll'n wir Euch
Mit Speisen überreich!
Euch spenden will ich heut',

Was das Herz nur erfreut
Und . . .

HANS
(ihn unterbrechend).

Ich dank Euch!
Und zum Lohn für solche Güte
Nehmt: Diesen Sack!

(er reicht dem Wirth den Sack).

WIRTH
(zusammenzuckend).

Der Sack! Der Sack! Der Sack!

HANS
(lachend).

So nimm ihn doch!

WIRTH
(wird immer nervöser; wie von der Tarantel gestochen,
fährt er herum).

Der Sack! Der Sack! Der Sack! Der Sack! etc.

BAUERN.

Was ist?

HANS.

Hineingeguckt, ob's spukt!
Find'st Du Gold?
Dieb'schen Sold?
Haha! Da seht!
Noch in gutem Gedächtniss!

WIRTH.

Der Sack! Der Sack! Der Sack! Der Sack!

BAUERN.

Der Wirth
Verwirrt!
Was giebt's! was hat der Kerl?

WIRTH.

Ja! der Sack! er ist's!

(Schreiend läuft der Wirth ab.)

BAUERN.

Was? wär' es der?
Ihr meint den Schwarzen?
Fürwahr! er ist es traun!
Er ist der russige Mann!

BÜRGERMEISTER.

Wie? Der! wär' es möglich?

KASPAR WILD.

Von dem Ihr mir erzähltet?

HANS

(heiter).

Den Ihr fast zu Tod' gehau'n!
Vor dem es Euch Bauern
Thät grau'n und schauern!
Der Teufelsbruder!
Der Bärenhäuter
Bin ich von Einst!

BAUERN.

Schaut! wie beschämend
Belohnt der unsre Flegelei!
Sein Leben thut er für uns wagen,
Die einst ihn fast zu Tod' geschlagen!

LENE UND GUNDA.

Ach! war'n wir dumm!
Jetzt wär' der mein Bräutigam!
Nun kann die Luise
Fein uns verspotten!

BÜRGERMEISTER.

Ja! Luise! was muss ich erleben!
Darum all' Dein Trotz?
Ja! wahrlich! ein schönres Glück
Konnte meinem trüben Alter
Nicht erblühn! Luisel, mein Kind!
Zürnst Du mir nicht?

HANS
(in die Mitte sich stellend).

Vielleicht war't Ihr im Recht!
Am End' stund's um mich schlecht? —

— — —

Leichter Sinn lockt Teufelslist!
Ihr erliegen menschlich ist.
Doch Heilung sich zu erringen,
Möchte jedem nicht gelingen!
War in mir ein Stückchen siech:
Die Aerztin heilte mich!

LUISE.

Nicht mir sollst Du danken;
Auch ich konnte wanken!
Lasset uns die Engel loben,
Die uns aus der Noth erhoben:
Die unsichtbar um uns schwebten,
Kraft zu spenden den Betrübten. —
Wem ein reines Herz beschieden,
Fehlt er auch und muss er irren,
Ihren Segens-Schutz hienieden
Kann ein Laut'rer nie verlieren!

HANS.

Du bist der Engel gewesen,
Der trotz Trug mein Herz erkannt;
Mich aus Trauer zu erlösen,
Hat Dich Gott herabgesandt.

CHOR.

Wahrlich, das ist Glück zu nennen,
Das Euch Gott beschieden hat!
Lange wollt' das Schicksal trennen,
Was vereint des Höchsten Rath!
Könnte Jedem das erblüh'n,
Dass die Fehler so er sühn':
Ruhmesthat und holde Braut!
Auf den der Herr voll Gnade schaut.

DIE ZWEI SCHWESTERN.

Geschieht uns recht! uns dummen Dingern!
Warum haben wir gehöhnt!
Da stehen wir nun mit leeren Fingern,
Als neid'sche Jungfern weit verpönt!

BÜRGERMEISTER.

Luis'chen, Du mein braves Kind!
Kaum die Wort' ich jetzo find'!
Dass ich so missachtet Dein,
Kannst Du mir es je verzeih'n?
Traute Tochter! Du, mein Sohn,
Nehmt denn auch noch meinen Segen! —
Gott gab Euch den Seinen schon —
Dass Glück Euch lach' auf Euren Wegen!

HANS.

Wohl erkenn' ich nun sein Walten,
Da er warnend einst erschien:
Fromm gedenk' ich des heilig Alten,
Der mir gnädig Schutz verlieh'n!

Ende.